# 今日のアニミズム

奥野克巳 × 清水高志

以文社

L'animisme aujourd'hui

今日のアニミズム　目次

# 今日のアニミズム

# まえがき

『今日のトーテミズム』というレヴィ＝ストロースの名著にあやかって、『今日のアニミズム』と題した本を、奥野克巳さんと作りませんかと、以文社の大野さんから打診されたとき、その大胆な企画に私は驚いた。文化人類学はとりわけ今世紀になってから、人間と自然の関係を根本的に問い直し、思想的にも従来のたんなる多文化主義を超える観点をいくつも打ち出している。奥野さんは日本においてその潮流を導入し、また体現する代表的な人類学者だが、数年前から現代哲学と二一世紀の人類学にまつわるクローズドな研究会でも親しく交流し、さまざまな刺激を受けてきた。二つ返事で承諾したが、かくしてまるで深い森のなかに引き込まれるように、豊富なフィールドワーク体験をもち、多産な執筆活動で知られる奥野さんを相手に、この大きな課題に三年越しで取り組むことになったのである。

本書は、人類に普遍的に見られるアニミズムと呼ばれる思考と、そこで見出される自然を徹底して考察し、思想としてそれがどれほどの深度を持ちうるものなのか、その限界まで探究しようとしたものである。人類学者と哲学者が二人がかりで、さまざまな素材や方法を持ち寄り、メソッドそのものすら考案しながら、この大きな主題に取り組んできた。

途中、アニミズムの自然観、オントロジーを検討するにあたって、奥野さんも私もいずれも仏教とアニミズム、また仏教と現代哲学というテーマに惹き寄せられることになり、そのことが私には一つの思想的転機をもたらすことになった。ブリュノ・ラトゥールやグレアム・ハーマンのような現代の哲学者の思索をも経由して、ナーガールジュナ、道元、原始仏教の叡智に潜んでいた豊かな可能性が、さらにはその背後にアニミズムの活きた躍動する自然が、さまざまな二元性を超克して姿を現わす、執筆しながらそんな期待に私は胸を躍らせていた。そうしたなかから、複数の二項対立を組み合わせることによって、それらの二項対立をめいめい調停していく、トライコトミー（trichotomy、三分法）という方法論が、この仕事を通じて浮かび上がってきた。

日本の知的風土には、たとえば梅原猛や吉本隆明、中沢新一などに代表される、縄文時代の土着アニミズムから仏教を経由して、西洋の同時代思想をも吸収しつつ、そのうえで独自の思索を展開しようとする一連の系譜がある。そもそも、先進文化圏の思想体系であった仏教を、土俗の信仰と長い年月をかけて習合してきた歴史を持っているのが日本である。西田幾多郎が禅や華厳仏教を背景に西洋哲学と根源的な対話を行い、独創的なその思想の表現を得たのも、こうした日本の文明が長らく背負ってきた課題のなかでの達成であった。本書は、現代哲学の吸収という意味でも、プリミティヴな思考の原点への回帰という意味でも、先人たちの仕事から多くを学びつつ、この文明の課題をさらに先へと推し進めようとするものだ。

私たちは、最初別々に論考を書き、それから二人でその内容をめぐって対談し、ふたたびさらに論考を書きあって対談する、という手順で本書を書き上げたが、その過程で両者ともに、岩田慶治という偉大な先達から幾つもの示唆を受けることになった。禅にも深く通じ、『正法眼蔵』を手に携え、奥野さんのフィールドと同じ東南アジアを経めぐった京都学派の人類学者である岩田は、今日の人類学にはるかに先んじて、共同体を成立させる求心性をもつモノの働きに着目した独自の人類学を生みだしたが、残念ながら先年亡くなった。彼の視野や素養を現代の学者が一人で俯瞰することはなかなかに困難だが、この書物には人類学者と哲学者による、多角的な岩田慶治論の試みといった趣きもある。

禅に接近した私に対し、ここで奥野さんはむしろ往相・還相という親鸞的な主題に引きつけてアニミズムを考察されている。議論が抽象的になりがちな私とは違い、異なる文化のうちにある、さまざまな驚くべき価値観やものの見方に深く精通した奥野さんの指摘にはいつも驚かされた。そのエッセンスが、本書のうちにはふんだんに溢れているが、読み返すたびにあらたな思考に誘われる。最初の対談をしてその後キャンパス近くで大野さんも一緒にカレーうどんを食べたのも、今となっては懐かしい思い出である。

この共同作業を通じて、私は自分のなかの「内なるアニミズム」に言葉を与え、よりいっそうそれを自覚することが出来たように感じている。こうした感慨が、いくらかでも読者の皆様に共有されるとしたら、著者の一人としてこれ以上の喜びはない。本書の趣旨に共鳴し、イマジネーションと色彩豊かな素晴らしいアートワークで私の文章に彩りを添えて下さった画家の大小島真木さんにもまた、この場を借りて心から感謝の意を表しておきたい。アニミズムを表現すること。これはわれわれ人類にとってすぐれて祝祭的な永遠の課題である。

二〇二一年　三月一四日　　清水高志

# 第一章
# アニミズム、無限の往還、崩れる壁

奥野克巳

扉写真　ボルネオ島カリスのシャーマン。撮影：奥野克巳かつてクマ（マレーグマ）だけに尻尾があり、尻尾は他の動物たちの憧れの的だった。動物たちが次から次にクマのところにやってきて尻尾をねだり、クマは気前よく尻尾を分け与えた。最後にテナガザルが来た時には、与える尻尾がなかった。それで今日、クマとテナガザルだけに尻尾がない。

——マレーシア・サラワク州ブラガ川上流のプナンの神話

## 一　クマ送りというアニミズム

中沢新一は、アイヌのクマ送りをアニミズムとして捉え、エティック（倫理）の起源を論じている（中沢 一九九一）。ある文化人類学の教科書では、クマ送りは「自然現象やものを、人間同様の生きた存在とみなす考え方」であるアニミズムとして取り上げられている（松岡 一九九三：一五四）。山田孝子は、「アイヌは、森羅万象に神性を認めるアニミズム的観念を持つといわれてきた」（山田 一九九四：六六）とした上で、カミと人間の関係のあり方を儀礼の場で確認できるものとしてクマ送りを取り上げている（山田 一九九四）。村武精一は、アイヌの霊的存在「ラマッ」があらゆる事物に宿っているとする考えを、「死霊アニミズム」を基礎にし[*1]

た霊的世界」（村武 一九九七：三七）であると述べている。梅原猛は、日本古来の「草木国土悉皆成仏」の思想がアイヌの文化であり、それを狩猟採集文化に広がるアニミズムだと捉えた上で、クマの豊猟を祈る祭りとしてのクマ送りを検討している（梅原 二〇一三：二三－三七）。プラエトは、アイヌのアニミズムの事例としてクマ送りを検討している（Praet 2014）。

アイヌのクマ送り（イヨマンテ）は、アニミズムの典型の一つとして、さまざまなところで取り上げられてきた。本章では、アイヌのクマ送りを取り上げて、アニミズムを考えてみるところから始めよう。

アイヌの人々は、人間が使ったお椀や道具、狩猟したクマやキツネなどの動物の魂をカミ（カムイ）の世界へと送る儀礼を行ってきた。器や茣蓙などのモノは、長い間の苦労をねぎらわれ、ゆっくり休むように感謝の言葉を述べられた後に祭壇へと運ばれ、カミの世界へと送られてきた（藤村 一九九五：二一三－四）。そうした「送り」の儀礼の中でも広く知られるのが、クマ送りである。

アイヌにとって、クマは人間の住む世界に肉と毛皮という「みやげ」を持ってやって来るカミの化身だと考えられてきた。カミはクマの毛皮に肉を詰めて人間の世界を訪れ、人間によって殺される。[*2] カミは毛皮や肉を人間に与える代わりに、歌や踊りで歓待され、たくさんのみやげをたずさえて、ふたたびカミの世界に還っていく。そしてカミの世界で、歓待の様子を含めて、人間の世界の素晴らしさを語って聞かせる。こうした存在論の土台の上に行われるのが、クマ送りであった。梅原はそれを、「人間にとってたいへん都合の

ヒグマの魂をカミに返す神事。イヨマンテでヒグマに花矢を射る儀礼。日高支庁平取町にて。撮影：朝日新聞社（1977年）

イヨマンテリムセ（クマ送りの踊り）。アイヌ民族博物館にて。撮影：奥野克巳（2010年）

よい考え方で、クマが聞いたらそんなばかな（笑）というにちがいない」と述べている（梅原 一九九五：三八）。

実際には、アイヌの人々は子連れのクマを捕えると、母グマを食べてその魂を送る。その後、子グマを人間の子と同じように可愛がって、食事もよいところを先に与えて育てた。子グマが一～二歳になると、クマ送りを行ったのである。幾日も前から念入りに準備をした後、大勢の客を招いて祭宴を催した。

儀礼の当日、檻の中から子グマに縄をつけて引き出し、花矢をあてて興奮させた後、本矢を放って締め木で首を絞めて息の根を止める。魂が身体を離れると、クマの体を祭壇の前に置き、肉をみなで食べた後、魂をカミの世界に旅立たせる。その後、頭骨の皮を剥いで首飾りをつけて飾りつけ、鮭などのみやげとともに祭壇に供えて、カミの世界に無事に還るよう祈った。[*3]

アイヌにとってカミの世界とは、人間の世界から超越した他界ではない。カミの世界は、人間の世界と同じところにある。そして、両者の間には、つねに連絡と交換が行われている。中沢は、そうした事態をアニミズムと呼ぶのは簡単ではあるが、大切なのは、アニミストたちの精神の中でどんなプロセスが起きているのかをできるだけ正確につかみ出すことだと述べる。

> この世界と同じところにあるのだけれども、実在の次元のちがう領域に、アイヌの「霊の世界」はあります。神々のすむその霊的な世界は、人間の世界を包み込み、そこにエネルギーを送りこもうとしていま

す。しかもそのエネルギーは、聖なる力にみちあふれ、人間の生命と精神を養ってくれるような、ありがたいものなのです［…］神々が人間に聖なるエネルギーを放射するときには、そのエネルギーは霊的な高次元体が人間の世界に触れる境界面上で、肉体をともなった動物の生命にかたちを変えるのです。つまり、その境界面上で、神々のエネルギーは「動物の仮面」を身にまとって、人間の世界に登場してくることになるのです（中沢 一九九一：三〇二）。

中沢によれば、人間の世界と実在の次元が異なる領域に住むカミは、境界上のどこかで、動物の生命、すなわちクマにかたちを変え、人間の世界に登場する。カミがまとうのがクマの「仮面」であり、またカミは、生命と精神を養ってくれる聖なるエネルギーを人間にもたらしてくれる。

カミは、人間の世界に登場する時にはクマとなり、カミの世界に還る時にはカミとなって、人間の世界とカミの世界の間を往来する。この往還（おうげん）の過程をアニミズムとして把握する手がかりとなるモデルがある。一つの面と一つの縁しかない、〈メビウスの帯〉と呼ばれる位相幾何学の図形である。〈メビウスの帯〉を手がかりとして、次に、アニミズムを理解する糸口を探してみよう。

## 二　〈メビウスの帯〉からアニミズムを考える

長い紙の帯の一方を他方の端に対して一八〇度ひねってから両方の端を貼ったものが、〈メビウスの帯〉である。〈メビウスの帯〉の特徴は、一つの面しかないことである。表は裏につながり、裏は表につながっている。

これとは対照的に、紙の帯の端をひねることなく貼り付ければ、「筒」や「リング」のようなものになる。筒には二つの面があるので、一つの面を赤に、もう一つの面を緑に塗り分けることができる。ところが、〈メビウスの帯〉には一つの面しかないのだから、面ごとに色を塗り分けることはできない。

メビウスのような形をした二次元の世界を想定した場合、そこに住む「平面人」が〈メビウスの帯〉を一周して出発地点に戻ってくると、臓器などは反対側に付いたりして、元の自分の鏡像になる（ピックオーバー二〇〇七：一五八−一六三、瀬山　二〇一八：二二六−二二六）。〈メビウスの帯〉には、「向き付け不能」と呼ばれる数学上の課題があるのだが、以下では、便宜的にその点を不問にして話を進める。

中沢は、一つの面しかない、すなわち「表と裏の区別がない」この位相幾何学のモデルを用いて、生者の世界と死者の世界が一つながりになっていたであろう「古代人」の心のありように接近する。言い換えれば、

メビウスの帯

古代人のアニミズムに触れようとする。

〈メビウスの帯〉の一つの面の上に蟻を一匹載せて、中心線に沿って歩かせると、蟻は表の面を歩いているうちにいつの間にか裏の面に出てしまう。蟻がもう一度表の面に出るためには、そのままとっとことっとこと歩き続けるしかない。

　生者の世界がこの見えない流動体をとおして死者の世界に連続していく様子を、この図形はもののみごとに表現してみせることができる（中沢 二〇〇三：九七）。

　中沢によれば、生者の世界と死者の世界が一つながりになっていた、新石器時代の古代人の精神性を示している二つの事物がある。中沢が例として取り上げている一つめのものは、死者を埋葬した墓地を囲い込むように作られ、死と隣り合わせで生が営まれていた縄文時代中期の「環状集落」である。死が生に臨在（りんざい）していて、生が死に、死が生に切れ目なくつながっていたのだという。

もう一つは、死の領域に属する「蛙」の背中から「新生児」誕生の瞬間が描かれた、同じく縄文中期に作られた「人面つき深鉢」（今から約四五〇〇年前の縄文土器）である（中沢 二〇〇三：九八－一〇三）。縄文中期の墓地と土器は、〈メビウスの帯〉的な思考、すなわち表と裏の区別のないアニミズム思考の表れである。

ところが、中沢によれば、縄文後期になると、墓地の場所に変化が起きる。例えば、三内丸山遺跡で、墓地は集落と外界を結ぶ道路の両脇に配置されたように、死者の世界が生者の世界から空間的に切り離されたのである。〈メビウスの帯〉的な思考に決定的な変化が起きたのだと見ることができるのだという。

中沢はこの変化を、〈メビウスの帯〉の中心線に沿って、鋏を入れて真ん中で切り裂く、〈メビウスの帯の切り裂き〉の喩えで説明している（中沢 二〇〇三：一〇三－一〇五）。それによって、〈メビウスの帯〉から筒ないしはリングへと形状変化が起きる。つまり、〈メビウスの帯〉を切り裂くと、表と裏の区別ができる。要は、世界が生者の住む世界と死者の住む世界、こっち側とあっち側という二面にくっきりと分かれたのである。

〈メビウスの帯の切り裂き〉とは、生者の世界と死者の世界、表と裏、こちらとあちらを截然と分ける「二項対立の世界」の出現を視覚化して示すモデルでもある。他方、〈メビウスの帯〉という位相幾何学はここでは、二項を容易に切り離すことができず、ひとつながりのものとみなす、自他未分の世界の喩えである。

それが、アニミズム思考のモデルである。

アニミズムは、〈メビウスの帯〉状の通路をつうじて、人間とカミが絶えず連絡する。一つながりの通路の中で、カミはクマとなり、クマはカミとなる。いや、カミはクマであり、クマはカミなのである。クマとカミは切り分けることができないまま〈メビウスの帯〉を往き来きする。

ところで、一つの課題がある。アニミズムの〈メビウスの帯〉の上の往還とは、いかなるものなのであろうか？ それはたんに一往復、一回きりの往還なのであろうか？ 次に考えてみたいのは、その点である。

## 三　池澤夏樹の『熊になった少年』

ここでは、クマ送りを題材にして書かれた池澤夏樹の創作神話『熊になった少年』（池澤　二〇〇九）を取り上げて、〈メビウスの帯〉状の往還について考えてみたい。その創作神話のストーリーは、クマ（カミ）と人間に置き換えて、人間がクマ（カミ）の世界に往き、ふたたび人間の世界に還ってくるというものである。*4

イキリという名前の少年は、クマを狩って暮らしているトゥムンチの一族だった。トゥムンチは、自分たちの力が強いためクマが獲れるのだと思っていて、アイヌがやっているように、クマ送りをすることはなかった。トゥムンチも子グマは飼い育てるが、残り物を与えていじめ、大きくなると殺して食べるだけだった。

ある日、イキリが叔父についてクマ狩りに行くと、母グマに巣穴に案内される。そこには、二頭の子グマがいて、イキリは子グマたちと兄弟のように暮らすようになる。みなで遊んでいるうちに傷がもとで黒い毛が生え、イキリはクマに変身する。山から山を遊びまわっているうちに秋になり、クマたちは冬になる前に冬眠する。春になるとイキリは母グマから追い出され、独り立ちする。

ある日、イキリであるクマは人間に出くわす。弓矢で射抜かれて、本来の人間であるイキリに戻る。トゥムンチの村に戻り、イキリは母グマと兄弟たちのことをみなに話し聞かせ、狩りをしたらクマの魂がカミの世界に行けるように、クマ送りをするように頼む。しかしトゥムンチの人々は口々に、そんなアイヌのようなことはできないと言い張って、これまでと同じようにクマを狩るだけで、けっしてクマ送りをしようとはしないのだった。悲しくなったイキリは高い崖の上から身を投げて、その魂は正しい国に生まれ変わったのである（池澤　二〇〇九）。

傷をつけることは、アイヌにとって「死」を意味し、魂が器などのモノから離れることを促す作法だとされる（中川　二〇一九：一四五）。『熊になった少年』の中では、クマと遊んでいるうちに傷を負うことでイキリがクマになり、弓矢の傷によってクマがイキリに戻るという、死と再生の過程をつうじて、人→クマ（カミ）→人というループが完成しているように見える。

しかし、最後にイキリが自ら己の魂を送ることで正しい者の国、すなわちカミの世界に旅立ったのだとすれば、イキリはさらにループの次の局面に入ったことになる。カミの国に旅立ったのである。それを表すと、人↓クマ（カミ）↓人↓クマ（カミ）となる。このことはおそらく、さらに次の局面への再入を予感させる。

人↓クマ（カミ）↓人↓クマ（カミ）↓人……

人とクマ（カミ）の連絡通路は、すでに見たように、歩いていくうちに、知らない間に他なる世界に入り込み、他なるものになるという〈メビウスの帯〉状のものであった。『熊になった少年』では、人とクマ（カミ）が〈メビウスの帯〉の連絡通路上で、無限の往還を繰り返すように思われる。人の皮を被った存在者はクマの皮を被ったり、また人の皮を被った存在者に戻ったりする。そのループに始めも終わりはない。

ところで、このアイヌの人とカミの連絡通路の無限のループには、さまざまな異聞がある。[*5] 山田孝子は、別の観点からそのことを述べている。

静内のある古老は次のように語っていた。「カムイは人であり、人はカムイである」。カムイはカムイ・モシリ[*6]では「人」の姿をして暮らし、アイヌ・モシリを訪れるときにのみ神格化されたカムイとなって登場するのである。逆に、人間はアイヌ・モシリにおいてのみ「人」であり、死後、すなわちカムイ・モシリを訪れることによってカムイに変態するのである（山田　一九九四：一〇七－一〇八）。

山田によれば、カミの世界ではカミは人であるが、人の世界ではカミとなって現れる。人も死後にカミの世界でカミとなる。アイヌにとってはカミが人であり、人がカミであるような世界がある。そこでは、クマとは、カミと人の無限のループにおけるカミの一様態である。

カミの「ミアンゲ（みやげ）」であるクマの肉は人に食べられ、人の生を可能にする。ミアンゲには、もともと「身をあげる」という意味がある（梅原　一九九五：三八）。人は老いて死に、屍が土にふたたび還るとともに、人の魂はカミの世界に向かう。そこで人はカミになる。カミはクマともなって、ミアンゲを引っ提げて、人間の世界に降り立ち、それを人に施す。人とカミとクマの三者から成る無限のループ構造は、アイヌの人たちの日常の生命現象への直観に支えられている。

そのループの輪にはひねりが入っているということは、クマ送りのアニミズムを考える際には特記されてよい。それは、筒やリングのような、裏と表が分かれている輪っか状のものではない。輪っかの上を歩むかぎり、表から裏に通り抜けることはできない。つまり、クマは人間の世界からカミの世界には往けない。ところが、〈メビウスの帯〉には裏と表がないため、クマは人間の世界から送り出されて、いつの間にかカミの世界を通過し、ふたたび人間の世界に還ってくる。

表と裏の区別がなく、一つの連続した面からなる〈メビウスの帯〉の上でイキリがクマになり、クマがイキリになったように、入れ代わり立ち代わり、人はカミになり、カミは人になるだけでなく、クマもカミになり、カミもクマになる。人の世界とカミの世界の間は、表裏の区別がない連絡通路でつながっていて、終わることのない往還が行われてきたのである。

## 四　アニミズムを閉ざす壁

ところで、アーサー・C・クラークのSF小説に「暗黒の壁」という短編がある（クラーク 二〇〇七）。主人公のシャーヴェインが住む惑星には、巨大な太陽が四六時中地平線上に上がっている。そのため、人々に夜は訪れることはないのだが、その惑星には、太陽光が届かない「影の国」と呼ばれる場所がある。その先に「暗黒の壁」があると言われており、シャーヴェインは、その向こう側に行ってみることを企てる。

彼が暗黒の壁を越えて旅を続けている間に、シャーヴェイン家三代の教師を務めるグレイルは、シャーヴェインの祖父であるブレイルドンに対して、謎めいた言葉を呟く。

われわれの宇宙はな、ブレイルドン、壁の線に沿って終わっておるのだ――しかも終わりではない。そこにはなんの境界もなく、壁が建造される以前には、人がその外へ行くのを妨げるものは何もなかった。壁そのものは人工の障壁にすぎず、それが占める空間の特性を共有しておる。その特性は依然として変わらず、壁があろうと同じことなのだ（クラーク　二〇〇七：一一九）。

向こう側に往くことを閉ざす暗黒の壁は人の手によって築かれたものである。しかし、壁があろうとなかろうと、空間の特性は変わらないのだという。はたして、その空間の特性とは何か？

グレイルは、手に持っていた紙テープの両端をひねってくっつけ、それをブレイルドンに差し出しながら、指でそのテープをたどってみるように命じる。指示に従ったブレイルドンは呟く。

ただひとつの連続した面、つまり片側だけの面になっています（クラーク　二〇〇七：一二一）

それは、ひとつながりの面からできた図形だった。

教師グレイルは、紙テープの端をひねって作った図形が、惑星の祖先たちの古代宗教において広く使われていたのだと明かす。小説の中では言及されないが、その図形は〈メビウスの帯〉に他ならない。

シャーヴェインはその後、暗黒の壁の向こうから惑星に還ってくる。その直前に、長い石造りの階段が首を垂れ、崩れ落ちる光景を幻視する。何らかの危険があることを察知した祖先たちが、連絡通路である階段を破壊したのである。[*7]

その小説は、「壁には向こう側がないことを彼ほどよく知るものはなかった」(クラーク 二〇〇七：一二三)という言葉で終わる。シャーヴェインは暗黒の壁の向こう側から帰還し、身をもってその秘密を知ったのである。

壁の向こう側はこちら側からひとつながりになった面で、歩いているうちに裏側に往って、いつの間にかそのまま表側に還ってくることになる。つまり、〈メビウスの帯〉のような世界が広がっている。壁の向こう側の世界とは、こちらとあちら、生と死、人間と動物などという二項の瞭然たる切り分けから成る、惑星のこちら側に住む私たちの現実世界の実在と秩序を無効にしかねない世界であり、その危険性ゆえに祖先たちの叡智により、「暗黒の壁」によって隔てられたのである。一方から他方へ、他方から一方への自由な往還を可能にする高次元の世界への侵入が、暗黒の壁によって封じられたのである。

ひるがえって、「暗黒の壁」によって閉ざされたのは、アニミズム的な世界との連絡だったのではないか。壁の設置は、〈メビウスの帯〉から筒ないしはリングへと形状変化し、表と裏の区別を生じさせ、生者の世界と死者の世界、こっちとあっちという二面がくっきりと隔てる〈メビウスの帯の切り裂き〉と論理的に等価であろう。

歩いているうちに死の世界を通り抜けて、そのままふたたび生の世界へと帰還することを可能にするアニミズム的な世界は、けっして現実世界になだれ込んだり、出没したりしてはならない。それらを締め出してしまわなければ、世界の秩序は根底から崩壊してしまうだろう。〈メビウスの帯〉状の世界を知った人たちの中に、「暗黒の壁」を築いて、惑星へのアニミズムの侵入を喰い止めようとした人たちがいたのである。〈メビウスの帯〉状の世界、すなわちアニミズムの世界との連絡は、それほどまでに危険だと考えられたのである。

ここで今一度、クマ送りに戻ろう。クマをカミであると崇めるベーリング海峡の東西を跨ぐ地域に住む先住民たちの集合的な記憶を扱った著書『熊から王へ』の中で中沢は、人間と動物の間の対称的な関係を想定する「対称性思考」の広がりの南限は、アイヌの世界にあると見ている。対称性思考は、クマ送りで見たように、アニミズムにおいて特徴的な思考様式である。

中沢は、そこから南下していくと、人間が動物に対して優位に立つような「非対称性思考」が支配的になると言う。

かわりに登場してくるのが、人間の生物圏における圧倒的な優位を少しも疑わない人々です。この人々は、自分だけは食物連鎖の環から超越した存在であると思い込み、動物たちを自由に囲い込んだり、スポーツとなった狩猟で動物たちを殺してもかまわないと思うようになります。少なくとも、そういうことに疑いを持たない人間になるのです（中沢　二〇〇二：二八）。

『熊になった少年』では、アイヌより南方に住んでいるのは、トゥムンチである。池澤が描くトゥムンチは、人間の力、自らの力のみを信じて疑うことがない民族だった。彼らはけっしてクマ送りをすることはない。トゥムンチは、アニミズムの連絡通路を「見えない」壁で閉ざしている人たちなのである。彼らはまた、クラークのSF小説「暗黒の壁」の惑星の祖先たちでもある。そこでは、アニミズム的な世界が危険視され、壁によって封じ込められたからである。

## 五　吉本隆明から還相論を考える

アニミズムには、こちらとあちらがそのどちらでもありうるような〈メビウスの帯〉状の連絡通路があった。人がクマを送ることには、それが、カミの世界から還ってきてくれることの願いが含まれるのだとすると、アニミズムとは、たんに「送る」だけではなく、ゆくゆくは送られたそのもの自体が再び還ってきてくれることへの祈りを含むものだということになる。

裏と表のない、一つの面だけからなる〈メビウスの帯〉状の連絡通路を往還するアニミズムは、衆生が浄土に往生し、還ってきて衆生を救う浄土系の仏教思想に重なる。ここでは、吉本隆明の「還相論」を手がかりとして、その点を検討してみよう。

吉本は、近代の浄土真宗でほとんど語られなくなった親鸞の説く還相廻向*8を、独自の解釈によって提示したことで知られる。浄土真宗の教えから信仰面を脱落させて、還相廻向を理解している。

> 親鸞が、曇鸞の『浄土論註』にならって「往相」と「還相」をとくとき、ある意味で生から死の方へ生きつづけることを「往相」、生きつづけながら死からの眺望を獲得することを「還相」というように読みかえることができる。この浄土門の教義上の課題は、まさに思想的に親鸞によって抱えこまれ、そして解かれたのである（吉本　二〇〇二：一五四）。

吉本はこう述べて、生きているところから死へと歩んでいく相を往相、生きつづけながら死からの眺望を得る相を還相だと解釈している。吉本によれば、浄土に往ってしまってから反転して、穢土に還ってくるのではなく、生きている歩みの真っただ中で振り返って、生きているところを眺める視点を獲得することが、

《阿弥陀聖衆来迎図》、14 世紀、絹本着色、
東京国立博物館蔵

「還相論」の精髄なのである。

吉本の見立てでは、親鸞の還相論は、阿弥陀仏の本願により「浄土」に往生した衆生が「穢土（えど）」へとふたたび還ってきて、衆生を救うのとは違っている。つまり、穢土と浄土がこちらとあちらにあって、それらの間で単純な往還がなされるというのではない。

吉本は、親鸞の還相論について、以下のようにも述べている。「弥陀の誓いを疑うことなく、その他力の光のなかに包まれたような状態で念仏を称えられた時にいける場所」である「正定聚（しょうじょうしゅ）」の「位のところから、現実の世界を見たり、人間を見たりすると、違う見え方をしますよ、ということを言っている」（吉本二〇一二：四五－六）。つまり、往相を進んでいったところのある場所、つまり、正定聚の位から、これまでの来し方を眺め直す視点を手に入れることが還相だというのである。

まさにこの点に、往還の意味があるように思われる。たんにあちら側に立ち入った後に引き返してくるのではなくて、あちら側の途上で来し方を見つめ返すことによって、そのことで弾みをつけ、往還が成立する契機を得る。

すでに見たように、クマ送りでは、クマをカミの世界に送りこむことだけが行われているのではなかった。それと同時にクマが、みやげを携えて、人の世界に還ってきてくれることが祈られていたのである。

クマ送りをする人々は、クマが、カミに「なる」ところまで送っていくのだろう。人々は、人間の世界とカミの世界の間にある理想的な場所、すなわち〈メビウスの帯〉のどこか、あるいは浄土思想でいうところの正定聚の位から、クマが人間の世界を眺め返してくれることを願う。吉本の還相論を敷衍すれば、その場所こそが、カムイ・モシリ、カミ（クマ）の世界の突端に他ならない。

## 六　シャーマニズムとアニミズム

ところで、これまで見てきた還相論的な浄土思想がアニミズムに近いという説を、アニミズムの探究に一生を捧げた人類学者である岩田慶治であれば、半分くらいまでは認めたのではないかと思われる。岩田は、アニミズム理解に達するためには、往相と還相を繰り返し、すなわち「われわれがこの世とあの世からなる一つの世界に住んでいる」（岩田 一九九三：一五〇）だけでは十分でないと考えていたようなのである。

岩田は、「シャーマニズムはアニミズムを出発点として、その上に築かれた宗教だと人類学者はいうが、それはまあ、そのとおりであろう」（岩田　一九九三：一四五）と不思議な肯定をした上で、それをさら拡大解釈して、「アニミズムは禅に近く、シャーマニズムは浄土教に近いというと、もちろん反対者は多いだろう。しかしそれにもかかわらず、よくよく考えてみれば、やっぱりそうなのではないか」（岩田 一九九三：一四五）と続けている。この部分を真正面から受けとめるならば、これまで見てきた浄土思想をベースとしたようなアニミズムの往還論は、岩田には「シャーマニズム的」なものに見えていることになる。[*9]

なぜ岩田は、還相論をシャーマニズム的だと見たのだろうか。中沢は、アジアの宗教を、静寂瞑想法を行う仏教とそれとはシャープな対照をなす忘我的なシャーマニズムに分けている。その上で、モンゴルでは、天の観念を発達させ、それを地上と結ぶシャーマニズムが異常発達するようになり、忘我（オージー）の部分を巨大化させたと考えている（河合・中沢　二〇〇八：二八－三七）。忘我によって、あちらに往き、ふたたびこちらに還ってくるという「二つの世界を仲介する。天上の神の言葉を地上の人々に取りつぐ」（岩田　一九九三：一四九）シャーマンによって、天と地、あの世とこの世がつながるのだ。

岩田は還相論とシャーマニズムに関して、以下のように述べている。

原型としてのシャーマニズムは、何となく浄土教に似ていないだろうか。「つつしんで浄土真宗を案ずるに、二種の廻向あり。一には往相、二には還相なり」という。親鸞が一生かかって、考え考えしながら書いた著作『教行信証』の冒頭の一句である（岩田　一九九三：一五〇）。

いい加減な言葉を語っても無心に踊り、水をかぶり、やさしい心になって人々の悩みに耳を傾ける、二つの

火に対して感謝を捧げるための儀礼を行うモンゴルのシャーマン。撮影：奥野克巳（2011 年）

世界を仲介するシャーマンがいることが（岩田 一九九三：一四九）、岩田にとっては、浄土への往相と還相の往還を説く浄土真宗の考えに近いと感じられたのではなかったか。だとすれば、そうしたシャーマニズムと同根であり、それが築かれた土台であると岩田がいうアニミズムの中核には、いったい何があるのだろうか？その点を次に考えてみよう。

## 七　非因果的連関の原理としての同時

岩田は、「同時」ないしは「無時」が、アニミズムの根本にあるのだと考えていたようである。同時ないしは無時とは何か？

『正法眼蔵』を携えて東南アジアの辺境でフィールドワークを続けてきた岩田は、その語を、曹洞宗の開祖・道元から引いてきているが、その語の意味合いに関して、ここではまずは、より広く知られている深層心理学者カール・グスタフ・ユングの「同時性（シンクロニシティ）」に対比させながら考えてみたい。

ユングのいう同時性とは、「因果的な連関はないが、何らかの意味上のつながりが感じられる複数の事象の符合（意味深い偶然の一致）」（老松 二〇一六：vii－viii）のことである。ユングが治療している若い婦人が黄金の神聖甲虫（スカラベ）を与えられた夢の話をしている最中に、ユングは後方の窓が叩かれる音を聞いた。

それは神聖甲虫に似たハナムグリ類の黄金虫で、ユングはそれを宙で捕まえたという（ユングとパウリ 一九七六：二八）。ユングは、そのエピソードを、「「偶然」一緒に起こったとはとても信じられないような「偶然の一致」の事実」（ユングとパウリ 一九七六：二八）、すなわち同時性の一例として挙げている。

同時性を探ることをつうじて、ユングはフロイトとは異なる無意識の存在に触れようとした。ユングの無意識の特性は、そこに時間的な継起が存在しないという点にある。つまり、因果律に縛られないのが、ユングのいう心の正体である（中沢 二〇一九：一八八）。ユングの同時性は、「非因果的連関の原理」とも呼ばれる。中沢によれば、「因果律で結びついている表層的現実の下に、このような偶然の集積がレンマ的結合によって相互連関しあう、別の存在領域が活動を続けて」（中沢 二〇一九：一八八）おり、ユングの考えた無意識は、そのような存在領域と並行性をもって生起している。ユングのいう無意識は、因果律によって支配される、意識が働く現実世界と並行して存在する領域において、非因果連関を原理として働いている。それは、岩田がいう同時ないしは無時に近い。

岩田がいう同時、つまり因果律に縛られない世界とはいったいどのような時空なのか？ それを、岩田がしばしば持ち出してくる事例から考えてみたい。

岩田は、プナン（マレーシア・サラワク州のバラム川沿いに住む狩猟民）の男が吹矢をかまえ、フッと息を吹いたところを目撃したことがある。矢が一直線に、目にもとまらぬ速さで空中を飛び、的にあたったと言いたいところであるが、矢の行方は知れず、小鳥がパタッと地に落ちたのである。それは、吹矢が飛び、パタッと小鳥が落ちるという因果律の一齣というよりも、その二つの出来事は同時に起きたのではないかと考えたのだという（岩田　一九九三：一二九）。そこでの中間的な結論を以下のように述べている。

一方の立場に立てば因果、もう一方の立場に立てば同時。形式的に過ぎるかもしれないが、そういえないこともない。もし無限という尺度を自分自身の尺度とすることができれば、そのなかで矢が飛び、小鳥が落ち、風が吹き、木の葉が散ったのである。すでに事々無碍の世界である（岩田　一九九三：一三一）。

岩田によれば、我々の周りにある二つの時空とは、因果の時空と因果に関係しない時空であり、それは科学の世界と宗教の世界であり、有限の世界と無限の世界である（岩田　一九九三：一五八）。ここで岩田は、プナンの吹き矢のエピソードを、因果にかかわらない世界、すなわち同時の時空の出来事であると見立てている（岩田　一九九三：一五八）。それは、悟りの知恵によって見られた絶対の至境であり、森羅万象が互いに相侵（あいおか）すことなく、この分限を守りながら、同時に融通し合っている事々無碍（じじむげ）の世界である。

岩田は、プナンは古今の哲学者以上に哲学的で、傑出した宗教家以上に宗教的だったと信じて疑わないと述べた後に、以下のように述べている。

プナンの吹き矢。撮影：奥野克巳

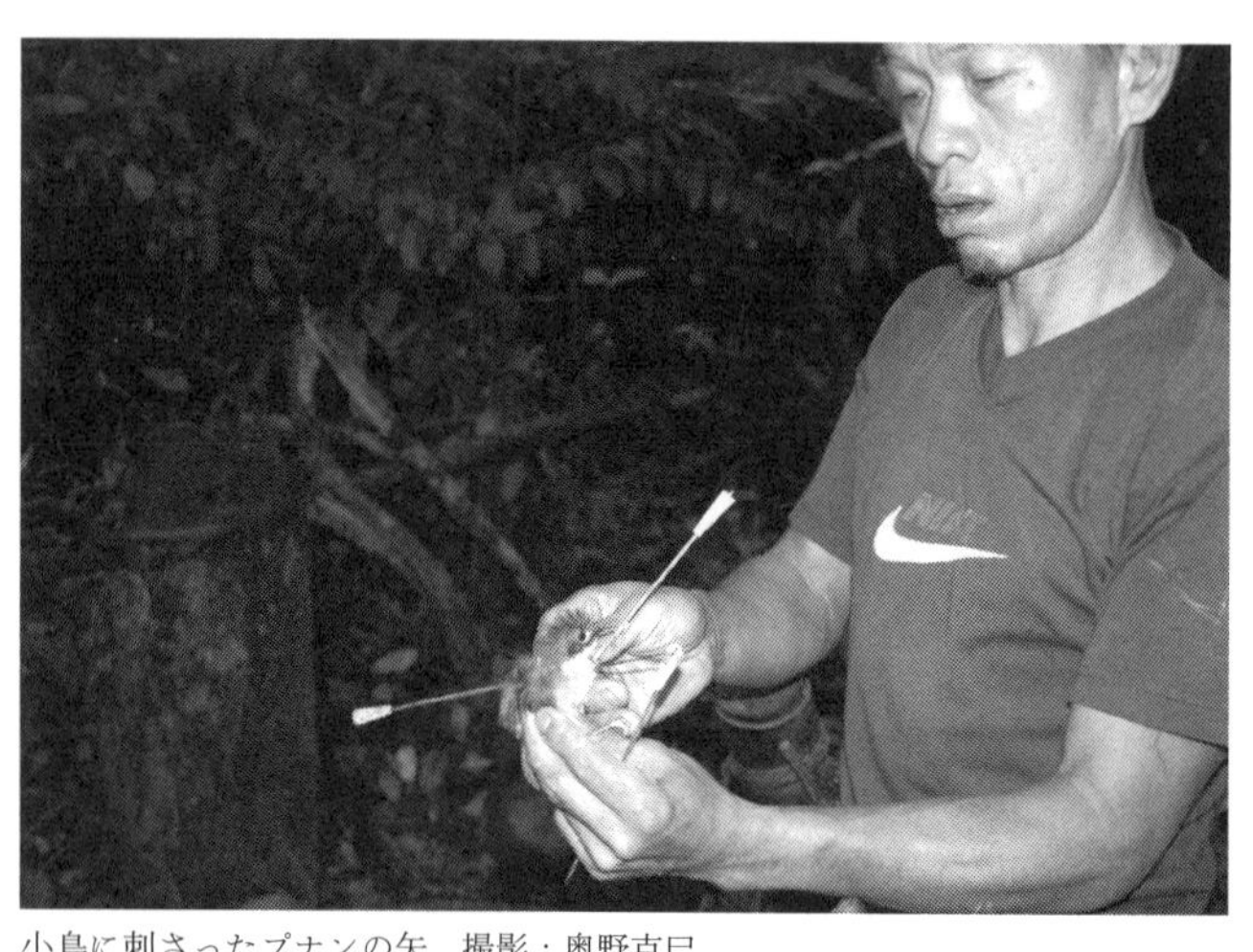

小鳥に刺さったプナンの矢。撮影：奥野克巳

プナンの矢は死の一点に向かって飛んだ。いや、死がプナンの矢を呼び寄せた。小鳥のなかの死だけじゃない。小鳥の死の向こう側にひろがっている闇が、死の世界が、矢を呼んだのだ。

死が森のなかから足音をたてず忍びよってきて、プナンにささやいた。プナンを包んだ。

プナンはほとんど無意識に、吹き矢を吹いた。死がプナンと小鳥を包んでひろがった（岩田　一九九三：一四〇）。

それは、死の中に自然があり人生があり、生きものたちが暮らし、森羅万象が生き生きと光り輝いて、数々の出会いがある世界であり、「「同時」の世界」である（岩田　一九九三：一四二）。同時は「無時」と言い換えることもできる。そこでは、「始めと終わりがつながっているのである。始めが終わりで、終わりが始め、そのあいだに無時という不思議な時が折り込まれている」(岩田　一九九三：一四三)。

## 八　岩田慶治のアニミズム

その同時にアニミズムがどのように関わるのだろうか。岩田によれば、アニミズムとは、ユングが唱えた同時性という非因果的連関の原理で成り立つ世界と因果律で結びついている表層的現実が出会うときに現れる「一瞬の世界」(岩田　二〇〇〇：一八九)でもある。岩田は、以下のように、様々ないのちと関わりながら融通し合って自然の中に成立している絶対の至境におけるカミとの出会いを描き出している。

稲のカミは稲のいのちにひそむ不思議に対面し、それに命名したものだ。米倉の稲モミを出発点として田んぼに出て生長し、土と空と鳥たちと共生し、刈りとられて自ら一部を人間にあたえ、残ったモミが再び田んぼに出ていく。稲の生産をそのごく近くにいて見ていると、そのなかに不思議を感じないわけにはいかない。その不思議に感動してしまうことがある。稲でも、人間でもないものが、そこに現前していることを直覚する。それを、そのときカミと呼んだのだ。稲にあらわれたカミだから稲のカミと呼んだ。不思議が文化のなかに足跡をとどめようとしたのだ(岩田 一九九三：一四八)。

自然の中に生成したものの一部を与えられた人間の、その不思議さに対する感動という直覚こそがアニミズムの核心にあるのだと、岩田はいう。「カミは同時の世界がわれわれの世界に触れた、その接点の出来事」（岩田 一九九三：一四八）であり、同時の世界であるあの世（ウラ）が、因果から成る農民の世界であるこの世（オモテ）に触れた瞬間に、二つの世界が同時に見え、私たちははっとする（岩田 一九九三：一四九）。それこそが、アニミズムに他ならない。つまり、ユング的な非因果連関の世界があり、因果律が働く私たちの世界がそれに触れた瞬間の驚きが、アニミズムなのである。*10

この世に暮らす私たち人間は、因果関係の網目によって雁字搦め（がんじがら）めに縛られてしまっている。他方で、シャーマンのような人だけが出入りできる、因果から解き放たれた時空がある。すでに見たように、岩田によれば、因果に関係のない世界に往って還ってくることができるのは、シャーマンのような存在だけなのである。シャーマンは（姿かたちを変えて）こちらからあちらに往き、またこちらに還ってくる。

岩田は、「問題はどうしてそこに泳ぎ着くことができるか。因果にかかわらない、同時と呼ばれる時空の扉をひらくことができるか、この点にかかっている」（岩田 一九九三：一六〇）という。「「同時」といえば、時間の枠内にあるかと思われてしまうが、そうではない。まったく新しい時空なのだ」（岩田 一九九三：二七）。

時間がとまって空間があらわれる。その空間に穴があって時がしみこんでいく。
古池や、蛙とびこむ、パシャ、ポトリの場所といってもよい。静かな表面に波紋がひろがっていく。蛙になってその波紋を追い、岸辺の草になってその波紋を待つ。いや、自ら波紋となって限りない静けさを伝える。波紋となって凸凹の地面にひろがっていく（岩田　一九九三：二一七）。

そうした同時の時空の中に歩み入って、なんとここでは、人が蛙になり、草になって、蛙が引き起こした波紋を待つかと思いきや、今度は波紋となって広がっていく。何度も、何度も、生まれ変わるような世界の中に触れること、漂うことが、岩田のいうアニミズムなのである。[*11]

しかし、同時ないしは無時と呼ばれる時空の扉は、岩田によれば、修行者だけに開かれた世界ではない。それは、「子どもにも、大人にも、老人にも開かれている世界、それはもともと、すべての人間に内蔵された世界」（岩田　一九九三：一六二）なのである。シャーマンだけに開かれているのではなく、本来的には、全ての人間に開かれているのだという。

同時の扉は、こちらとあちらに築かれた壁と言い換えてもよい。壁のようなものが壊れて、同時の時空が現れるのだ。

実は、絵のキャンバスも同時の画面、同時の空間であり、松の宇宙、山の宇宙がそこで同時に表現されていて、「われわれはそういう時空に歩み入ることによって、地球を、宇宙を、そして自分自身を同時にとらえることができる。自分があらゆる存在の根っこに触れていることを感じるのだ」（岩田　一九九三：一六九）。岩田はまた、以下のように、身近な現象の中にアニミズムを描き出している。

アニミズムは普通、精霊信仰と呼ばれているが、もっとわかりやすく草木虫魚教と言ってもよいし、森羅万象教と名付けてもよい。身のまわりの、万物のうちにひそむカミと出会い、そのカミと対話する。そういう宗教を私はアニミズムと呼ぶことにしている。

畑から引いたばかりのダイコンには土がついている。スーパーの棚に並べられたダイコンとは違う。よく育ったダイコンの青葉を握りしめて、グーッと土から引きぬく。白くて太いダイコンが土を離れて誕生する。その一瞬をとらえて、そこにカミを見る。天地創造の一齣を見ようとする。アニミズムは私にとって諸々の宗教のなかで一番大切な宗教だ。土のついたダイコンの感じである。

アニミズムの根本は何か。石にも、虫にも、鳥にも、もともと、カミが宿っていることを認め、そういうカミでいっぱいの自然を尊重しながら生きることだ。そうすると、木は木として宇宙の主人公になり、山は山として主人公、人は誰もかれも一人ひとりが主人公になる。自分も、また、その仲間になって、風景が生き生きしてくる。これがアニミズムの功徳なのだ（岩田　一九九五：二五五）。

稲のいのちにひそむ不思議に対面し、稲でも人間でもないものの現前を直覚してそれを稲のカミと呼んだのと同じように、青葉を握りしめて土中からダイコンを引き抜く時、天地創造の一齣を感じて、カミを感じる。それがアニミズムであり、その瞬間、木や山、人それぞれが宇宙の主人公になり、風景が生き生きとしてくる。そこには、悟りの知恵によって見られた絶対の至境としての事々無碍の世界が広がっている。

岩田のアニミズム論は一見すると、草木虫魚、森羅万象に魂やカミが宿っているとする、素朴な従来のアニミズム論であるように見えるかもしれない。[*12] しかしそれは、岩田に沿って、因果なき世界と因果から成る世界、無限の世界と有限の世界との出会いの瞬間における、言語以前ないしは反省以前の剝き出しの感動や驚き・慄きから立ち上がってくる経験として理解されるべきなのである。

## 九　消えるアニミズムの壁

長らく木のかたちに引きつけられてきた岩田は、「木のかたちは一つの宇宙である。天と地を内蔵し、見えるところと見えないところが一体となって、荘厳な姿をつくり上げている」（岩田　二〇〇〇：三六）と述べている。そして、そうした「無限を含む有限の空間、あるいは有限を内包する無限の空間」（岩田　二〇〇〇：

三七）たる一本の大樹のことを、「アニミズムの木」とも呼んでいる。

そこではどうにもこうにも物差しが通用しない。コンパスも使えない。時計の針が止まったままである。大きさがないわけではない。東西南北がないわけではない。時間が流れないわけではない。計れないのだ。計る物差しがない。計る人がいないのだ（岩田 二〇〇〇：三七）。

ここで述べられているのは、日常的な身のまわりの風景の中にある、有限でもあり無限でもあり、無限でもあり有限でもある時空が、アニミズムだということである。自分の根っこに触れているような無時の不思議な時空の経験がアニミズムなのだとすれば、〈メビウスの帯〉状の連絡通路でのあちら側との空間的な往還もまた、時間的な継起に沿ったものではないと考えたほうがよい。岩田も述べているように、「双方向的な、循環するものの見方、あるいは風景の見え方［…］を循環といわずに同時という」（岩田 二〇〇五：三二）。往くこと即ち還る、還ること即ち往くという空間的移動に時間的な継起性が入る余地はない。

アニミズムの経験とは、非因果的連関の原理から成る世界と因果律によって支配されている世界がぶつかり合う瞬間に突如として立ち現れるものだとすれば、本章で俎上に上げたアニミズムを、以下のようなものとして捉え返すことができるだろう。

アニミズムは、〈メビウスの帯〉状の連絡通路を備えている。その連絡通路には裏と表がなく、ひとつながりの面があるだけだ。その連絡通路自体は、「空間的」に往相と還相という二相に分かれるが、それは、「往相即還相、還相即往相」（鈴木・金子　二〇〇三）というループ状になっている。シャーマンのような存在は、その二相を自在に往還できる。

そしてその連絡通路の内側に、非因果連関の原理から成る同時ないしは無時という不思議な時間が埋め込まれている。シャーマンだけでなく、あらゆる人間がふとしたきっかけで、それを垣間見たり、経験したりすることがある。アニミズムには、〈メビウスの帯〉のような表裏の区別のない、ひとつながりの空間の上での無限のループに加えて、あちら側のどこかに同時ないしは無時が潜んでいる。そして、その連絡通路のどこかで、人はカミに突然、衝撃的なかたちで出会う。

岩田は、これと同じことを別の言葉で述べている。アニミズムとは、「不意の出会いの、その驚きのさなかに、自分とカラス、自分とトカゲ、つまり自他をへだてる壁が消える。そして、そのなかからカラスが、トカゲが、向こうから突出してくる」（岩田　二〇〇〇：五〇）経験である。

アニミズムのカミは草木虫魚とだけかかわっていると思うひともあるだろうが、これもそうではない。カミ経験のさなかにおいて自分と大地、自分と世界をへだてる壁も同時に消えるのである。その時、自他をへだてる壁は一挙に霧散霧消するのである（岩田　二〇〇〇：五〇）。

カミを経験するさなかには、こちら側とあちら側の間の隔たりが消えてなくなってしまって、〈メビウスの帯〉状のものとしてつながってしまう。自己と世界、自己と他者、生と死などは、普段は截然と切り離されているが、アニミズムが現れる時「壁が消える」。

## 一〇　アニミズムの今日性をめぐって

本章四節のクラークのSF小説「暗黒の壁」で見たのは、こちらからひとつながりになったあちらの世界に達することが、壁によって阻まれてしまっている事態であった。そこで示されたのと同じように、私たちが日々経験している現実世界は、アニミズムの世界、高次元の世界、非因果連関の原理から成る世界などと、本章で、その時々に様々に呼んできた「万物の母胎としての世界」（岩田 二〇〇〇：二三一）からはふだんは壁によって隔てられてしまっている。

しかし、その壁は取り払われることがある。その時、人はカミに出会う。なぜそのことが、今日大事なことであるのかを、本章を締めくくるにあたって考えてみたい。

今一度アイヌのクマ送りに還ろう。アイヌのクマ送りでは、人の世界とカムイの世界が、ひとつながりになった〈メビウスの帯〉状の連絡通路で結ばれていた。ところが、現代の私たちが暮らす世界では、人間とクマ（カミ）がひとつながりになっている感覚が、初めから失われてしまっている。中沢の以下の言葉は、そうした社会の成り立ちを見事に言いあてている。

人間と動物の間には飛び越えることができない深い溝が穿たれ、高い障壁が築かれ、動物たちの心が何を感じ、何を望んでいるかということにたいして、ほとんど感受性を失った社会が形成されてきたのである（中沢 二〇一七：一一七）。

中沢によれば、高い障壁とは、「人間と動物との間で築き上げられてしまっている絶望的な障壁」（中沢 二〇一七：一二〇）のことである。中沢は、高い障壁が築かれることによって、動物の心が何を感じ、何を望んでいるのかに対して、感受性を失われた社会がつくられてきたのだという。

逆の角度から言えば、「動物の心が何を感じ、何を望んでいるのか」という感受性を豊かにするためには、その絶望的な障壁を取っ払わなければならない。そのためには、本章の冒頭のエピグラムで示した、クマに尻尾がない理由を描くプナンの神話のように、人間が、クマが人間のように振る舞う世界へとすんなりと入っていけるような感受性を私たちのうちに養い続けておくことが大切なのである。この点に、アニミズムの今日的意義があるように思われる。

人間は、地球上の多くの場所で、動植物やモノを含む自然を人間の領域から切り離して対象化し、人間の利益と快適さのために自然を利用・改変しながら現代世界をつくり上げた。よく言われるように、人の手によって地球の生態環境は台無しにされたのである。その結果、地球上のあらゆる生物が「傷ついた地球」に住まわざるを得なくなり、人間が自然から手痛いしっぺ返しを受けていることに、最近になってようやく気づくようになった。自然を人間の領域から突き放して構築し、それらを人間本位に操作したり利用したりする企みは、今となってはあちこちで、人間を大いに困らせている。

本章で見たように、表層的な現実を生きる人間の日常の知だけでつかみ取ることが困難な、言語以前・反省以前の、思議を超えた外部の世界に触れることと、そこへの連絡通路が開かれていて、こちらとあちらで繰り返し何度何度も行われる往還が、アニミズムの精髄であった。青葉を握りしめてダイコンを土中から引き抜く時にはどんな音がするのかを経験してみたり、池にとびこむ蛙になって波紋を追うだけでなく、自らも波紋となって地面に広がっていくことなどによって、アニミズムは立ち上がってくる。

アニミズムは、そうした万物の母胎としての世界、事々無碍的な絶対的な至境との連絡通路を開いておくことにより可能になる。逆に、壁のかなたにある世界、そこに住まう動植物やモノに出会うことなく、アニミズムとの連絡通路を断ったままにしておくならば、私たちは今後、私たちの行く末を困り果てて、永遠に見失い続けたままなのではないだろうか。

【注 釈】

＊1 小論では、岩田慶治の用法に従い、アニミズムの神的存在を、「民俗文化の意味と言語の場に組みこまれて、そこに常住する神」（岩田 一九八九：二三二）ではなく、「衝撃のなかに出現する」（岩田 一九八九：二四〇）「文化的に十分にかたどられるまでにいたっていないカミ」（岩田 一九八九：二三二）として理解する。岩田については第二章注釈10を参照のこと。

＊2 アイヌ語では「マラプトーネ（賓客になる）」と表現される。

＊3 子グマを手に入れ、飼育した後にクマを殺して祀り、饗宴を催すクマ送りは、アイヌ、ニヴフ、ウィルタ、ウリチ、オロチなど北海道、サハリン、アムール河口流域で行われてきた（池田 二〇一三：八四）。

＊4 池澤は、幕末期に北海道に入植した彼の祖先のアイヌとの交流を文学作品にする過程（池澤 二〇〇三）で得た、アイヌのクマ送りに対する深い理解に基づいて、この創作神話を紡ぎ出している。

＊5 アイヌの人々の人とカミが交流する観念世界は、和人の村に毛皮などを持参して交易に出かけたアイヌがそこで数日間滞在し、歓待を受けて土産の酒やコメ・煙草などをもらって村に戻り、宴

会を開いて和人の村での見聞を聞かせるという現実世界の出来事に影響を受けて形成されたという説がある（知里　二〇〇〇、瀬川　二〇一五）。

＊6　モシリとは、大地、世界、住む場所のこと。

＊7　サイエンス・ライターであるクリフォード・ピックオーバーは、そのシーンを、壁を越えたところに広がる世界を一周して還ってくれば、内臓の位置や利き手が反転してしまう危険があることを惑星の人々に秘密のままにしておくために、祖先が巨大な階段を破壊したのだと解釈している（ピックオーバー　二〇〇七：二四〇）。

＊8　梅原猛によれば、親鸞は「二種廻向」説を、極楽浄土にとどまる「自利」を満たす往相に対して、大乗仏教の根本理念である「利他」の教えを還相として組み入れたものであり、「悪人正機説」よりも重要な思想と考えていた。ところが、念仏を称えれば極楽浄土に往生できるとする説は、神の国が来て死んだ人が復活できるとするキリスト教の説と同じように非科学的なものであるように思われるため、近代の真宗学においては、ほとんど語られなくなったのである（梅原　二〇一七：三四六－五一）。「念仏をすれば必ず極楽浄土に往生できるという教説が非科学的であるとすれば、念仏者は極楽浄土からまたこの世に還ってくるなどという教説は、なおいっそう非科学的であると思われたにちがいない」（梅原　二〇一七：三五一）。

＊9　「シャーマンとは、地球のさまざまな地域で、トランス、すなわち、通常の意識の状態とは異なる「変性意識状態（ASC: Altered States of Consciousness）」に入って、目に見えない世界と交信し、そのことをつうじて、病気やけがを治したり、共同体の安寧を祈願したり、予言を行ったりする人物のことである。シャーマンは、ふつうの人々には目に見えない回路をつうじて、その社会・文化における隠された真実へと接近する」（奥野二〇〇七：一〇四）。

＊10　この点に関し、大正から昭和にかけてのモダニズム期を生きた宮沢賢治が、エンジンや飛行機

など、人間のものとなった空間の拡大を目の前にして「四次元」を探究していたのだと述べながら、中沢は、一瞬の春の植物が萌えさかる瞬間に自然の中にある過剰した「反コスモス性」がワッと出てくると考えている（中沢　一九九八：七九）。それに対して、対談相手の小林康夫は、宮沢賢治のその〈開かれた在り方〉を、法華経アニミズムあるいは仏教アニミズムと捉えている（中沢　一九九八：九五）。

＊11　岩田は、『正法眼蔵』に拠りながら、時の「地」と時の「柄」としてのかたちは、仏性としてのわれと衆生としてのわれだと言う。仏としてのわれは、時の「地」、無地の中の存在であり、衆生としてのわれは農民になり、漁民になり、牧民になり、狩人になったりして、それぞれの時における祖となるわれのあり方を示すと言う（岩田　二〇〇〇b：二二五－二八）。

＊12　ここで想定しているのは、人間と非人間を截然と切り分けた上で、非人間が本来持たないと考えられる精神（魂や霊）を非人間に投射する、エドワード・タイラー流のアニミズムである（奥野　二〇一〇）。

【参考文献】

池田貴夫　二〇一三　「アイヌのクマ送り儀礼」『ユリイカ』四五（一二）：八四－九〇、青土社。
池澤夏樹　二〇〇三　『静かな大地』朝日新聞社。
池澤夏樹　二〇〇九　『熊になった少年』スイッチ・パブリッシング。
岩田慶治　一九八九　『カミと神　アニミズム宇宙の旅』講談社学術文庫。
岩田慶治　一九九一　『草木虫魚の人類学』講談社学術文庫。
岩田慶治　一九九三　『アニミズム時代』法藏館。

岩田慶治　一九九五『岩田慶治著作集　第七巻　生命のかたち』講談社。
岩田慶治　二〇〇〇a『死をふくむ風景　私のアニミズム』NHK出版。
岩田慶治　二〇〇〇b『道元との対話　人類学の立場から』講談社学術文庫。
岩田慶治　二〇〇五『木が人になり、人が木になる』人文書館。
梅原猛　一九九五『森の思想が人類を救う』小学館ライブラリー。
梅原猛　二〇一三『人類哲学序説』岩波新書。
老松克博　二〇一六『共時性の深層　ユング心理学が開く霊性への扉』コスモス・ライブラリー。
奥野克巳　二〇〇七「シャーマニズム：シャーマンは風変わりな医者か？」池田光穂・奥野克巳編著『医療人類学のレッスン　病いをめぐる文化を探る』、九九－一二四、学陽書房。
奥野克巳　二〇一〇「アニミズム、『きり』よく捉えられない幻想領域」吉田匡興・花渕馨也・石井美保共編『宗教の人類学』、二一四－三七、春風社。
河合隼雄・中沢新一　二〇〇八『仏教が好き！』朝日文庫。
クラーク、アーサー・C　二〇〇七「暗黒の壁」『天の向こう側』山高昭訳、ハヤカワ文庫。
鈴木大拙・金子大栄　二〇〇三「浄土信仰をめぐって」『禅者のことば　鈴木大拙講演選集』（CD）アートデイズ。
瀬川拓郎　二〇一五『アイヌ学入門』講談社現代新書。
瀬山士郎　二〇一八『読むトポロジー』角川ソフィア文庫。
知里真志保　二〇〇〇『和人は舟を食う』北海道出版企画センター。
中川裕　二〇一九『アイヌ文化で読み解く「ゴールデンカムイ」』集英社新書。
中沢新一　一九九一『東方へ』せりか書房。
中沢新一　一九九八『哲学の東北』幻冬舎文庫。

中沢新一　二〇〇二『熊から王へ』講談社選書メチエ。
中沢新一　二〇一七『熊を夢見る』角川書店。
中沢新一　二〇一九『レンマ学』講談社。
ピックオーバー、クリフォード・A　二〇〇七『メビウスの帯』吉田三知世訳、日経BP社。
藤村久和　一九九五『アイヌ、神々と生きる人々』小学館ライブラリー。
松岡悦子　一九九三「第五章　宗教と世界観」波平恵美子編『文化人類学　カレッジ版』、一三五－一六五、医学書院。
村武精一　一九九七『アニミズムの世界』吉川弘文館。
山田孝子　一九九四『アイヌの世界観「ことば」から読む自然と宇宙』講談社選書メチエ。
ユング、C・G、W・パウリ　一九七六『自然現象と心の構造　非因果的連関の原理』河合隼雄・村上陽一郎訳、海鳴社。
湯浅泰雄　一九九五『共時性の宇宙観　時間・生命・自然』人文書院。
吉本隆明　一九八三『〈信〉の構造　吉本隆明・全仏教論集成 1944.5—1983.9』春秋社。
吉本隆明　二〇〇二『最後の親鸞』ちくま学芸文庫。
吉本隆明　二〇一二『吉本隆明が語る親鸞』糸井重里事務所。
Praet, Istvan　2014　*Animism and the Question of Life*. Routledge.

# 第二章
# トライコトミー Trichotomy（三分法）、禅、アニミズム

清水高志

扉写真　現在の北インド・ラダックの僧院の
壁に描かれた曼荼羅。撮影：佐藤昌弘

画家のマックス・エルンストは、ロートレアモンの「解剖台の上でのミシンと洋傘の偶然の出会い」という名高い詩の一行を、ながらく創作上の座右の銘にしていたという。この短い詩句でまさになされているように、「一見したところ対立的な性質をもつ二つないしそれ以上の要素を、さらにそれらと対立的な性質をもつ平面の上で近づけること」（エルンスト　二〇〇五：四一三）、それこそが、彼にとって芸術の目的だ、というのである。

親しい友人であった画家のこの芸術論を引きながら、レヴィ＝ストロースが、みずからの学問を特徴づける《構造分析》という方法をあらためて説明して、それがこのような複数の対立項どうしが複雑にかけあわさった関係から、神話や無文字文化の意味体系を巧みに分析するものであると述べていたことはよく知られている。彼の研究分野においては、エルンストが述べたような事態はさらに複雑で、錯綜した形態をまとって現れるのだという。

〔それらの意味体系においては〕一方ではひとつの複合的形態（図）とそれが姿をあらわす背景（地）の間

での、もう一方ではこの形態を構成している諸要素間（要素は二つ以上あるのですから）での、対立と対比のからみあいがある、ということになりましょう（レヴィ＝ストロース　二〇〇八：四八）。

実のところ、先のロートレアモンの詩句を《構造分析》するといった芸当ですら、レヴィ＝ストロースにとっては軽くお手のものであった――《ミシン》と《洋傘》には、たとえば布地を貫くようになっている（ミシン）とか、雨を通さないためのものである（洋傘）とか、流体（雨）と関わっているとか、硬質な針をもっているとか、先端の突起が上に付いている（洋傘）、腕木の下に針が付いている（ミシン）などの、五ないし六組の対立と対比が認められるという。――対立項はひとたびそれに注目すると、連鎖的に次々と増殖するのだ。そしてそれらは「そもそも完全に別々のものだったのが、今や互いに相手の逆転的メタフォアへと変形していく」。また、二つの事物が、このように強力な有縁性をもつようになるのは、第三の事物（《解剖台》）との結びつきを通じてだという（レヴィ＝ストロース　二〇〇八：五一）。

このような複数の二項対立どうしの組み合わせ、その「対比とからみあい」を、神話や具体的、感覚的、社会的なもろもろの事象のうちに丹念に読み取っていくことが、この人類学者の職人芸だった。二項対立は、そうした「対比とからみあい」のなかで次々と組み換えられ、意味を変形され、いわば調停される。いっぽうでエルンストはそうした組み合わせや対比を、文字どおり《芸術の目的そのもの》とみたわけである。

図1　マン・レイ《解剖台の上でミシンとこうもり傘が偶然出会ったように美しい》、広島県立美術館所蔵

これらを、奇想に富んだ実験的な画家と芸術家肌の学者による風変わりな見解として、受け流すことはむしろ容易である。とはいえ何か、そこには私たちを奇妙に不安にさせるものがある。その理由は、なぜ神話や芸術が、ことさらに二項対立、二元論の複雑な調停と超克ということを目的としているとされるのか、それがそもそも根本的な疑問を抱かせるからである。

普通に考えるならば、人類の精神的な営みにおいて、そうした超克をみずからの課題として正面から掲げたのは、むしろたとえば哲学であり、あるいは禅仏教のような、論理的な合理性を遥（はる）かに超脱することを目指した――だがいかに？――東洋宗教だったのではないだろうか？　たしかに、ことさらに「さまざまな二項対立の対比とからみあい」を探究することを通じて、二項対立を調停するという、ある意味倒錯した一歩踏み込んだ志向は、神話や芸術に独特のものであるかにみえる。だがそもそもそうした方法は、一見して思われるように、論理的思考のたんなる否定や、鬼面人を驚かす超現実の表現しかもたらさないものなのだろうか？　それとも、それじたいがもつ論理的な有効性を、その固有の理路をたどって執拗に模索しようとするものなのだろうか？

この考察で試みたいのは、哲学や宗教的経験——とりわけ、アニミズムのような根源的な宗教的感情——の理論形成や分析に、このような発想が有効な方法として寄与しうることの、一貫した検証である。そしてその過程で、トライコトミー（trichotomy、三分法）という独自の普遍的な構造の概念が、ここであらたに提示されることになるだろう。

## 一　還元主義の再定義

いましばらく、レヴィ＝ストロースのよく知られた主張に耳を傾けることにしよう。さきに述べたように、複数の二項対立の対比とからみあいにおいて、無文字文化や神話の構造がとらえられるというとき、もう一つ彼が強調している注目すべき点がある。それは、それらの思考においては、意味体系の「要素と要素間の関係が、同一平面上に置かれている」ということである（レヴィ＝ストロース　二〇〇八：三七－三八）[*1]。つまり、確定的な諸要素が組み合わさって「要素間の関係」が次第に出来あがる、といった、近代人が秩序だった世界を考えるときに思いえがくような、着実な積み上げの方向づけが、そこでは成立していないのだ。そのため、逆にいえばそれを構成する諸要素が変化しても、「要素間の関係」は不変でありうるし、同じ諸要素がまったく反対の「要素間の関係」をとって、《変換》されたりもするのである。

こうしたさまざまなヴァリエーションの考察は、まさに彼の得意とするところだが、それらはいずれも、この「要素と要素間の関係が同一平面に置かれている」というあり方にもとづいて生まれたものだ。[*2] つまり「要素間の関係」から確定的に「諸要素」が導かれるわけでもなく、「諸要素」から「要素間の関係」が確定的に導かれるわけでもない、そういった《どちらでもない》状態のなかで生まれるさまざまなヴァリエーションが、レヴィ＝ストロースによって抽出される《構造》なのである。

そもそも彼によれば、このようになんらかの二項対立をまず想定し、それら両極のいずれにも事態をけっして還元することなく、さらにさまざまな二項対立をそこにくみあわせることによって、それらの対立を調停したり、変換したりする思考は、人類にとって普遍的なものだという。――むしろ、「確定的な諸要素が組み合わさって「要素間の関係」が次第に出来あがる」といったように、《なんらかのプロセスを通じて、二項対立の両極を一方の極へと統合し、調停する》という発想や、また《なんらかの二項対立関係をそれら単独で調停し、その調停方法を他のあらゆる二項対立関係に適用する》といった思考こそが、還元主義的で例外的なものなのだ。

実際のところ、これまで西洋近代の哲学や自然科学が《合理的なもの》として認め、活用してきたのはまさしくそうした思考である。むろんそれじたい、さまざまな二元論を克服し止揚しようという意図をさまざまにもっていたのだが、今日の目からみるとそれらはいずれも、先に述べられた二種類の還元主義をまぬがれないものだった。[*3] このような制約から哲学を解き放ち、二元論の真の超克を図ること。これこそがまず、現代の真摯な思索者によって目指されるべきことであろう。

とはいえ、レヴィ＝ストロースのいわゆる野生の思考から一足飛びに、西洋近代の哲学を超えようとするのは、やはり相当無理がある。このとき忘れられるべきではないのは、東洋においてもインドの論理学や大乗仏教が、すでに二元論の超克ということを課題に掲げて理論的に発展してきたという事実である。ナーガールジュナ（龍樹（りゅうじゅ））のような初期の論理的な思索から、後代の禅仏教にみられるような、自然や世界そのものとの劇的な邂逅（かいこう）へといたるまでに、なにが試行錯誤されているのか。さまざまな二項対立の調停という主題が、たとえば道元においてどのように現れまた展開されているか、のちに具体的に探っていくことにしよう。

## 二　複数の二項対立を組み合わせる

　ここでひとまず重要なのは、むしろ二元論的であるということの定義じたいを、あらためて吟味し再考することであろう。――西洋近代の思考が二元論的であるとするなら、それはさまざまな二項対立を扱うにあたって、それらがからみあうその多様な形態を、その都度虚心に扱うのではなく、なんらかの二項対立を関係づける方法をまず確立してから、それをさまざまな二項対立に適用するという手続きを踏んでいるからである。二項対立はそれらが複数、さまざまなヴァリエーションで組みあわさるならば、そこで描かれるのはもはや多元的なものである。しかしそれが、経験的で具体的なそのあらわれにおいてではなく、論理的もしくは抽象的なかたちでまず考察されるとしたらどうか？　たとえば古典的論理学において、矛盾律「Aは非Aではない」によって規定されることは、Aが何であってもいわれうることである。二項の関係そのものがこのように先に規定されると、どんな二項対立がありうるにせよ最初の「二項の関係」にそれらは回収されてしまう。そういった思考において事象をとらえることこそが、《二元論的である》ことであると定義するのである。――このとき無造作に展開されているのは、ありうべきさまざまな二項対立とそれらの結びつきを分断し、同じフォーマットに回収する操作なのだ。

この関係のように考えるならば、まずなんらかの「二項の関係」を単独で先に立て、その関係をさまざまな対立二項に適用する発想を採る思考は、たとえ矛盾律の例とは逆に、その二項が調停され、それら双方のどちらでもありうるものとなるとか、ともに止揚されるということがそこで語られるとしても、やはり《二元論的である》ということにならざるを得ない。弁証法であれ、脱構築主義であれ、いずれもその意味では例外とはいえないであろう。

さまざまな対立二項、たとえば人間と自然、主体と対象といったものが、分離されて考えられるにせよ、あるいはそれらの相互の働きかけは不可分で、それらどうしを独立して捉えることは困難であると主張されるにせよ、あるいは一方を他方に還元してしまうにせよ、それがたんに人間と自然の問題としてだけ考察されているかぎり、われわれはあくまでも二元論的にしか物事をとらえていない。そしてそもそも、そうした主題が単独で扱われようとするとき、実際には別の対立二項も、からみあうようにすでに作用しているのだ。

ここで少し、お馴染みの哲学史を振り返ってみることにしよう。たとえば主体が対象を認識するというとき、その認識をもたらすのは伝統的に対象の側であると考えられてきたが、カントはこれを独断的な思弁哲学と呼び、むしろ主体（主観）の側の認識によって対象世界が構成されるという立場をうちだした（コペルニクス的転回）。さまざまな現象は主体（認識主観）によって構成されるが、このとき《物自体》は、それらの現象の根源にある、不可知のものとして要請されるにとどまるものになる（Kant 1998）。対象（物自体）を主体

（認識主観）から独立させ、切り離すことによって、認識そのものをより客観的なプロセスにすることが、そこでは目論（もくろ）まれている。このとき対象世界は、主体（認識主観）による構成を通じてのみとらえられるのだから、主体は対象にたいしてあくまでも優位に立っており、《物自体》はというとたんに切り離されることで、ようやくその独自性を保っているありさまである。主体と対象の関係は、主体に優位を与えて対象を劣位におく、このような対立二項の関係としてカントによって規定されたわけである。

人間と自然、人間と非‐人間との関係が問われるなかで、西洋近代の思考が二元論的であり、主体中心的であるという批判がなされるとき、結果としてあらわれたその二項対立の不均衡を克服しなければならない、そして疎外された対象や自然を回復しなければならないとしばしば説かれがちである。これはしかし、ただ主体と対象という対立二項の両極に焦点を当てた議論であるにすぎない。だが実のところ、こうしたいわゆる「コペルニクス的転回」が打ち出される時点で、すでに複数の二項対立が特定のかたちで結びつき、協働していることが看過されてはならない。――そもそも複数の二項対立どうしのからみあい、結びつき方というメタ的な構造は、レヴィ＝ストロース的な意味での「対立と対比のからみあい」としては、それじたいが可変的で多様なものであったが、その可変性がみえていない状態では、複数の二項対立の存在は強く意識されず、単独の二項対立の両極の緊張関係にばかり関心がむかってしまうのだ。

実際には、《対象世界におけるさまざまな現象を認識する主体》というものが語られるとき、そこで作用している二項対立はすでに複数種ある。《対象世界におけるさまざまな現象》は、「対象であって多」であり、それを整合し、統合する主体（認識主観）はすでに、「主体であってユニファイ（統一）するもの（一）」なのである。ここでは主体／対象という二項対立に加えて、一／多という二項対立があらかじめ結びついているが、そのことによって多なるものを構成し、関係づける働きが主体（認識主観）に一方的に付与されている。こうした二項対立どうしの高次のむすびつきを、ここでは《「主体／対象」／「一／多」》と表記することにしよう。

そもそも、多なるものを関係づける働きは、最初から対象にはまるであたえられておらず、《「主体／対象」／「多／一」》という高次の結びつきは、まったく意識されていない。また、主体優位の二元論と、そこでの対象や自然の疎外が問題とされるときでも、もっぱら「主体／対象」という二項対立に目がいくために、最初から対象は、「多なるものを関係づける働き」にとっての阻害要因、異物としてしか想定されない。そのうえで、対象や自然をいかに肯定するか、ということが素朴に問われているにすぎないのである。

これは、高次の二項対立の結びつきのあり方としては、相変わらず《「主体／対象」／「一／多」》という形だけが、固定的に考えられているということにほかならない。このとき異物としての対象が、かりに「多なるものを関係づける働き」を一方的に付与された認識主体を攪乱することが起こりうるとしても、主体のそうした特権的で優位なありかたは、（一定の「仕切り直し」ののちに）最終的には強化されるだけであり、対

図2

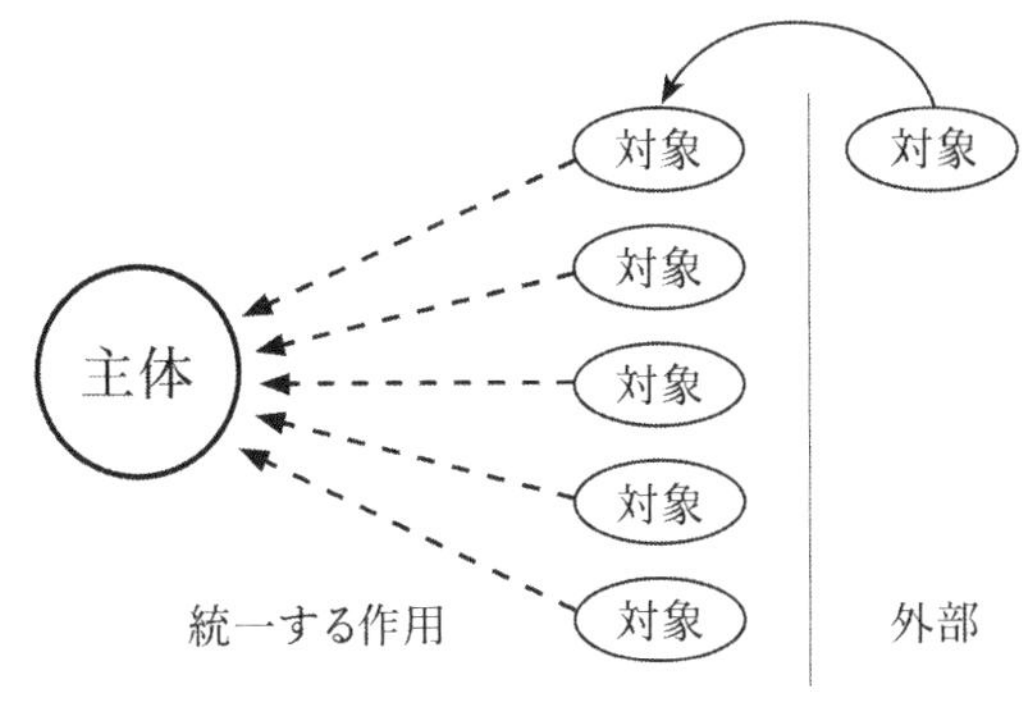


《多としての対象》をただ事後的に肯定するだけでは、むしろ
《統一するものとしての主体》を肯定してしまうことになる。

象なり自然なりは、それによってますます疎外されてしまう。――さまざまな二項対立について、その高次の結びつきそれじたいに可変的なヴァリエーションがありうるということが意識されないかぎり、近代哲学の思考だけでなく、近代批判の議論においてすら、こうした主体優位の二元論と、対象と自然の切り離しという状況はますます強化されていくだけなのだ。

複数の二項対立はこのとき、「主体／対象」という特定の二項対立が描きだす優位や劣位の関係を強化し、固定するためにただ同化され、メタ的な構造は最初の二項対立の極と極の関係に還元されてしまうのである。

さきに述べたような、たとえば「確定的な諸要素が組み合わさって「要素間の関係」が次第に出来あがる」という方向づけも、こうした《「主体／対象」／「一／多」》の構造を、やはり前提としたものである。この場合「諸要素」

は多様な対象であり、「要素間の関係」を構成して認識するものが主体にほかならない。ここでは先の二種類の二項対立、《「主体／対象」／「一／多」》に加え、部分（要素）と全体（要素間の関係）という二項対立が、潜在的に協働するかたちで姿をあらわしているのだ（《「主体／対象」／「一／多」／「全体／部分」》）。とはいえ、これらの二項対立は最初の「主体／対象」の描き出す関係にすっかり還元、同化されてしまっており、主体と対象が二元論的に分離しているのとおなじように、全体と部分、すなわち「要素間の関係」と「諸要素」も、正反対の方向にあるものとして分離されざるをえない。――こうした関係を、ここでは「対立二項が《背反性》においてある」、と表現することにしたい。

すでにみたように、レヴィ＝ストロースが神話の意味体系において見出したのは、これらの両者が同一平面上にあらわれるような構造であった。だがそもそも、「要素間の関係」（関係）と「諸要素」（項）が逆ベクトルに位置しているということが、自明の前提になるまでには、さまざまな種類の二項対立が、それらどうしのむすびつきの変化をもつことなく、固定的に扱われるというきわめて特殊な制約が必要であった。であるならば、むしろそうした制約を外すことによって、芸術や神話の意味体系だけではなしに、「主体／対象」、「一／多」、「全体／部分」といったそれぞれの二項対立が、それらどうしのむすびつきを変化させつつ組み合わさりながら、実際に調停されることが哲学的にも可能であるはずである。トライコトミー trichotomy は、まさにそうした操作の概念を指向するものなのだ。

## 三　アクター・ネットワーク論を再考する

あらかじめ指摘しておくべきなのは、ほとんど自覚的ではないにせよ、哲学においても、人類学においても、今世紀に入って新しい動向として現れてきたものに、複数の二項対立を組み合わせ、調停しようとする傾向がすでにいくつも見られたことだ。[*4]そのもっとも早い先駆けは、ライプニッツ研究から出発し、あらゆる学問領域にまたがる多元論的な哲学を展開したミシェル・セール[*5]の思考である。ライプニッツのモナドロジーじたい、一と多、主体と対象という二項対立の問題をうちに含んでいるが、多様な二項対立を分離せず、混淆したままで思考するというスタイルを科学認識論、人文学、環境論にもまたがって展開したのが彼の学問の特色である。

そして、その流れを汲みつつ科学人類学の分野で、独創的な思想を展開しとりわけ広く知られているのが、ブリュノ・ラトゥールである。[*6]当代のフランスの哲学者のうちでは国外でもっとも引用、言及されることが多い人物が彼であるが、その影響は哲学だけでなく人類学、社会学、環境論などきわめて多岐にわたっている。彼が生み出したものは、哲学の分野のテキストの解釈というよりは、それら多様な分野で応用することが可能な実践的なメソッドだったからである。その方法論が、アクター・ネットワーク論（Actor-Network-

Theory、以下ANTと略する）とよばれるものである。

近代的二元論の乗り越えということについて、ラトゥールがあたえた問題提起はきわめて重要である。よく知られたその論点の核心を、『虚構の近代』（Latour 1997）で彼自身が挙げている例を引きつつ、まずみておく必要があろう。たとえば地球温暖化の原因の一つとされるオゾンホールが、いかなる影響のもとに成立しているのかを、私たちが考えねばならないとする。このとき、この問題に関わっているさまざまなエージェントを、同時に視野に収める必要がある。化学者によってフロンガスがオゾンホールの原因であるとされるならば、そうした製品を作っている企業［たとえば、モンサント社[*7]］の見解を問いただされねばならないだろうし（「無害なフロンガスに代替した」などの返答が予想される）、温暖化の問題について有権者から圧力を受ける政治家たちも、その立場から対処に関与してくるだろう。さらに、気象に関することであるから、気象学者の見解も重要な手がかりとなってくるだろう（「歴史的に、現在みられるような気象変動はつねに起こってきた」などの発言がありうる）。

これらはそれぞれに、「オゾンホール」という対象（これが中心的なアクターである）を媒介にして初めて繋がる、人的エージェントである。「オゾンホール」自体は、それらのエージェントの作用が複雑に混じりあったブラックボックスとしてあり、対象が主体から切り離されているというのは幻想である（このことをラトゥールは、「ハイブリッド」的にあるという）。こうした諸エージェントが描きだすネットワークは、日常的に私たちがさまざまな流動的状況下にある事象について考えるときには欠かせないものであり、新聞の三面記事などは実際にこうした描写に満ちている。

　こうした場合、「オゾンホール」について確かな知識を得てよりよく対処したいならば、モンサント社の見解だけを鵜呑みにしてはいけない。化学者、政治家、気象学者などの全体を競合させる必要があり、どれか一つのエージェントに「オゾンホール」という対象の情報を一方的に負わせても、それはそのエージェントが自説を強化するだけに終わるだろう。そのエージェント（主体）にとっての対象になるだけである。それゆえ対象としてのアクターと、それに媒介される複数のエージェントがあってこそ、対象についてもより豊かな情報が得られることになる。このことはラトゥールが分析する具体的な例を、私たちの普段の経験にそくして振り返るならば、おのずと理解されよう。

　このとき奇妙に思われるのは、対象についてより豊かな情報を得るために、なぜかえって人的エージェントを増やしているのかということだ。通常であれば、対象の要素が増えて人的エージェントが集中的に絞られた方が、対象についての知識が増えると考えられるはずである。実際のところ、ここには複数の二項対立のメタ・レヴェルでの結びつきの意図的な組み換えが見られ、《「主体／対象」／「多／一」》という構造が描き出されている。――「多なるものを関係づける働き」を与えられているのは「一なるもの」としての対象であり、逆に「多なるもの」が複数の主体的エージェントになっているのだ。複数の二項対立が、ことさらに組み替えられることによって、「多なるものを関係づける働き」という、これまで主体の側に特権的に付与されていた役割が、ようやく対象の側にも与えられる。これによって、対象はたんなる非‐主体ではない能動性を持ち、また豊かな情報をもたらすものになり得たのだ。アクター・ネットワーク論は、科学はその記述対象にそこまでの役割を持たせるかぎりにおいて、有効に機能すると考える。したがって一方に認識主体が、もういっぽうにたんに記述されるだけ対象があるとする近代の二元論は、そもそも科学の現場の実態に即していない欺瞞であるとラトゥールは考えるのだ。

　この点を確認するために、もう一つ別の例をあげよう。ラトゥールの議論によれば、たとえばパストゥールが乳酸発酵素を「発見」するとき、乳酸菌酵素は最初からパストゥールという主体にとっての「対象」としてあったわけではない。発酵が起こる現場では、最初「灰色の実体の点々」としてのアクターXがあっただけである（ラトゥール　二〇〇七：一三五）。実験室の様々な要素をもちよって、パストゥールはアクターXがそれらに何をなしうるかを定めていく。つまり、アクターXがもつ「多なるものを関係づける働き」を明らかにするのである。アクターXは最初、「灰色の実体の点々」というパストゥールという主体から見た感覚所与としての対象であったが、これによって一連の「行為の名前」になり、能動的な存在になる。すると、そこで起こっている一連の行為が、アルコール発酵をおこなう醸造酵母の行為と――結果が乳酸発酵であるとはいえ――類似した一般的特徴をもっていることが明らかになる。アクターXが醸造酵母と類似したものとして分類される独立した実体であることが分かるのは、こうした手順を踏んでであるが、実際には、そのあらゆる過程で、アクターXに他のアクターたちを関与させるのはパストゥールという主体なのである。その意味で、パストゥール以前にあたり前のようにアクターXが対象として存在していると考えてはいけないとも、ラトゥールはいう。[*8]

後の例においては、たしかに「多なるものを関係づける働き」は対象に与えられているが、主体のアプローチが多岐にわたっているということはそれほど見やすくはない。しかし実験室内の、それ自体としては対象である他のさまざまなアクターを動員して関与したり、醸造酵母というアクターが同じく他のさまざまなアクターを関係づけるあり方をそれに結びつけたりして、乳酸酵母という実体が生まれるにあたってさまざまに働きかけているのは紛れもなく主体であり、その単線的でないもろもろのアプローチなのである。逆に乳酸酵母という対象も、それら複数のアプローチを結びつけるものとして、手探りでようやく姿を現してくるものなのだ。[*9]

科学の対象を関係づけ、記述する主体が、その主体と切り離されてもともと存在している対象についての知識を得ていくのが科学であるという近代人の思考は、実はその過程において起こっているさまざまな複雑な主体と対象の交錯、一と多の交錯を隠蔽しており、実態とは大きくかけ離れたものであるといわざるを得ない。アクター・ネットワーク論による分析は、それら複数の二項対立の潜在的な協働を可視化し、ときに組み換える方法を提示してみせているのである。

## 四　三種類の二項対立——トライコトミー trichotomy の構造

アクター・ネットワーク論においては「主体／対象」という二項対立は、「一／多」という別の二項対立との結びつきが意図的に変えられることによって、「作用において」対等な存在になっている。その意味でこれは画期的であり、近代的思考が定石としてきた操作を転倒させるものでもある。しかし対象はここでは、あくまでも人間主体による働きかけによって成立する局地的状況におけるものであるに過ぎない。対象だけの独在、われわれを取り巻くものよりもさらに広い世界の拡がりを、それはいまだ感じさせないのだ。

ここで少し思索の舞台を、別の世界へ、その春爛漫の花園へと移してみることにしよう。対象世界が、あるいは自然が、独在する他者としてあること、そうしたものとの出逢いが、私たちに無限の宇宙を感じさせること。東洋的思惟の伝統、たとえば禅においては、自然とのそうした遭遇が、「忽然と」悟りをもたらすといわれることがある。人類学者の岩田慶治[*10]は、そのような体験について次のように述べている。

桃の花については、こういう故事が紹介されている。「霊雲志勤禅師は、三十年の弁道なり。あるとき遊山するに、山脚に休息して、はるかに人里を望見す。ときに春なり。桃花のさかりなるをみて、忽然と悟道す」

ここで大切なことは悟道ではない。悟道はあとのまつりである。大切なのは「忽然（こつねん）」である。桃の花と自分がそのとき、生まれて初めて、忽然として出会ったのである。出会って、お互いにほほえんだ。他者の存在を肯定したのである（岩田 二〇〇〇：一八七）。

禅において語られるような、真の他者としての世界そのものとの、唐突な、しかしきわめて尋常でもある出逢い。アニミズムと呼ばれる原初的かつ普遍的な宗教体験もまた、そのようなものであると岩田はいう。独在する自然、無限の自然が、日常的に馴染んだ環境世界と地続きであることが、そこでは少なからず重要だというのである。[*11]

翻（ひるがえ）ってアクター・ネットワーク論はどうだろうか？ 近代的思考の批判として、それは確かに有効なのだが、「主体／対象」という二項対立の調停が、そこではあくまでも状況依存的に行われており、その変化を前提としている。そして主体も対象も、お互いとの関係を通じて実在として現れるという、非常に相関的、関係的、主客混淆的なあり方をしている。「今・ここ」における端的な対象、あるいは自然の、独立した現われがそこでは、いまだ捉えられていないのだ。

では相関的、関係的であること、関係づけられていることと、そうした状況から外的に分離され、独立してあることとの違いは、解消しえないあらたな二項対立なのだろうか？　そうではない。これまでの議論を踏まえるならば、むしろそれが二項対立として背反的なままで調停され得てないとしたら、それはさらに別の二項対立とその二項対立との高次の組み合わせやからみあい、またそのヴァリエーションが充分に自覚されていないからなのだ。

問題は、「主体／対象」、「一／多」という二項対立にたいして、第三の二項対立がどのようなものとして与えられるべきなのかという点にある。相関性のうちにあることと、その外部にあることを、調停不能な二項対立にするのではなく、どちらでもありうるようにする。あるいは端的に、そこで起こりうる状況の変化に関わりなく、どちらでもないようにするために、クローズアップされねばならない二項対立とは、どのようなものなのだろうか？

ここで解決されねばならないのは、内在と外在の問題であり、これは「内／外」という二項対立として定式化されるだろう。《「主体／対象」、「多／一」》という主客混淆、状況依存的なあり方は、関係的であることと、その外部にあることが、背反的でないかたちで、端的に同時に両立するような事態が生じたときに、一気に超克される。とはいえ何かがそれじたい内部的にあり、かつ同時に外部的にもあるということは、平面の、二次元の世界においては背理であるが、対象が立体と三次元の世界にある場合は、実はごく当たり前なのではないか。ある立体的な対象とは、その内部に内部的関係をもち、同時にさらに他のものとのあいだに外部的関係をもつものだからである。

このとき、そうした立体的な対象はまた同時に、その内部的関係にも、外部的関係にも完全に帰することのできない、中間的な存在としてである。たとえばこうした中間的な対象こそが、これら三種類の二項対立のからみあいを考察するにあたって立脚点となるものなのだ。

その意味で、グレアム・ハーマンが、ラトゥールの議論をきわめて強く意識しながら、まさにそうした中間的統一体こそがオブジェクト（対象）であると主張していることは、きわめて重要である。彼の哲学はオブジェクト指向哲学と呼ばれるが、従来の哲学が、オブジェクトを内部的関係へと還元（下方解体、Undermining）したり、外部的関係に還元（上方解体、Overmining）したりすることによって、オブジェクトそのものを捉えてこなかったことを鋭く糾弾している（Harman 2011）。[*12] すでにみたラトゥールの方法についても、いまだ関係主義的でありすぎ、対象を捉え損なっていると指摘しているが、そこで彼の理論が導入するのは実質的に、関係の層を多層化することである。

分かりやすい例を挙げよう。あるハンマーによって釘を打つという場合、このハンマーと釘の関係は外的関係（上方の関係）だが、ハンマーの内部にはそれを構成する原子などの内的関係（下方の関係）がある。このときハンマー内部の原子はつねに蠢動し、変化しているが、釘を打つという用途においてのみそれを見るときには、そうした関係はまったく顧慮されない。[*13] ハンマーというオブジェクト〔対象〕はそれら複数の関係の層を分離し、断ち切るものとして存在している。《複数の要素〔項〕を関係づけるもの》としての対象が、アクター・ネットワーク論によって扱われたのだとすると、《複数の関係づけ〔関係〕を断ち切るもの》としての対象〔項〕、あるいは離接させるものとしての対象〔項〕が、オブジェクト指向哲学においては注目されるのだ。

独立的で、関係どうしを分離させるものとしての対象、そしてそのことによって関係からみずからを分離するものとしての対象[*14]というものは、たしかに《「主体／対象」、「一／多」》といった二項対立に加えて、それらをさらに内的に包摂するものが、第三項的に立てられることによって可能になる。ハーマン自身は自覚的に強調していないが、前者に加えて「内／外」という第三の二項対立がここで加わることが、きわめて重要な効果を及ぼしている。――エルンストがロートレアモンの詩に登場する「解剖台」について熱く語ったような、ある二項対立の対立と対比のからみあいが描きだす「複合的形態〔図〕」と、「それが姿を現す背景〔地〕」とが、このときまさに垂直に直交するのである。

三種類の二項対立のからみあいという観点から、さらにこの「内／外」の二項対立がどのように調停されていくか、見ていくことにしよう。すると、この第三の二項対立が導入されることにより、「主体／対象」と「一／多」という二項対立も、それらだけが組み合わされていたときとは違った風に調停されることが明らかになってくる。

すでに述べた内と外の包摂関係は、包摂した外のものが次々さらに外のものに包摂されるといった、特定の方向づけ、プロセスを描くものであってはならない[*15]——それでは包摂《関係》という《関係づけ》とその外部が、背反的に置かれたままになり、調停されない二項対立で終わってしまうからである。——したがってこの場合包摂は、どこまでも対象どうしが相互包摂するものでなければならない。こうした包摂にはそれを段階的なプロセスとして固定するような方向づけはなく、むしろ包摂する第三項としての位置は、代わる代わるあらゆる対象によって占められることになる。[*16]

包摂される側に目を向けるなら、それはどんな細部にまでいたっても、決して《そこからすべてが組み立てられるような、アトム的な基礎単位》にはならない。仮にそうしたものを捉えようとしても、それすらさまざまな作用や性質の複合体としてしか抽出されえないのだ。[*17] 包摂関係は、物理的なスケールとはまったく関係がない。そうしたなかでどこまでも相互包摂がおこなわれるならば、結果的にそうした対象は、少なくとも間接的に他の対象との関係を含み、またゆるやかにあらゆる他の対象との関係に包摂されるというかたちでしか、お互いに繋がることはなく、また逆にそうでなければ、包摂（外）、被包摂（内）のどちらにも一方的に還元されないものとしての、独立した中間的統一体であることもできないだろう。それゆえ「一／多」という二項対立も、ここでは連動するようにあらたなかたちで普遍的に調停されることになる。

アクター・ネットワーク論においては、「一／多」という二項対立は、主体と対象が能動、受動の役割を入れ替える限定的な状況のなかで、一つの中心的なアクターと複数のエージェントが相互生成的に作用するというかたちで結びついていたに過ぎなかった。しかし近代的でアトミズム的な《部分から全体への構成》という方向づけは、そうした限定的な状況においてもすでに崩されてしまう。あるいはむしろ、それがどこまでも裏返された世界こそが現成する。――そうであるならば、包摂（外）、被包摂（内）という二項対立は、どこまでいっても潜在的に無限な相互包摂となり、あらゆる周縁と中心はさまざまに可逆的となり、一は多であり、多が一であるという世界のあり方が、個別な状況から離れた水準においても、拡張的に語られることが可能になるはずである。状況論を超えて、網の目状をなす一即多、多即一の構造は、そうした全域的な世界観そのものになる。

「主体／対象」という対立二項についてはどうであろうか？　アクター・ネットワーク論で扱われたような主客混淆の状況論においては、複数の主体のアプローチは対象としてのアクターXを《作るもの》として働いていた。一即多、多即一の世界は、《作られるもの》が個々の状況を超えてどこまでも《作るもの》でもあり、より精確にはそのどちらにも一方的に還元されないような、対象世界そのものがそれを生み出しつつ遍満するさまざまな主体の輻輳（ふくそう）する働きでもあるような世界であるだろう。主体は一なるものでありながら、世界そのものを《作るもの》としての主体、あるいは主体たちとそのままで別のものではない。――そ

図3

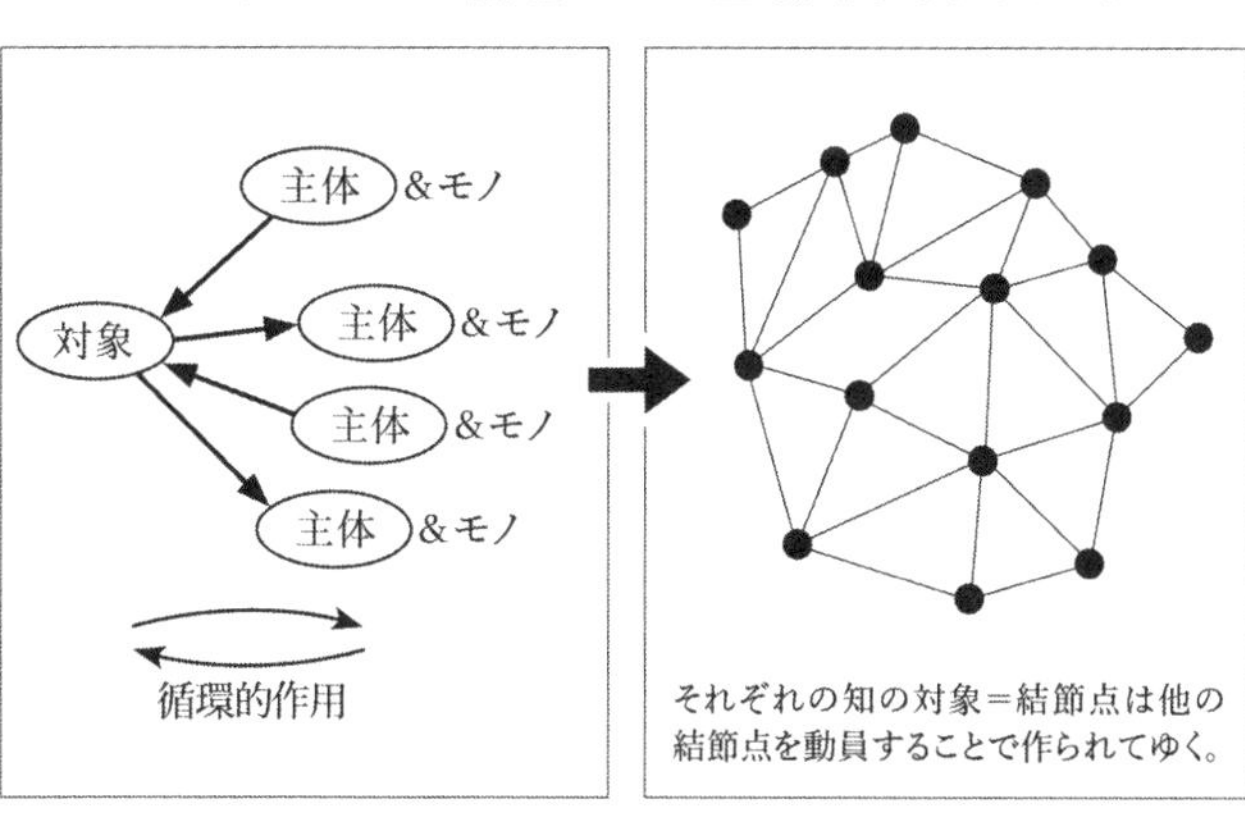


うしたものとして働き、またみずからをも《作る》。これはいわば、汎生命的な世界の網の目でもある。アニミズムが直覚している世界とは、まさにこのような充満の世界ではないだろうか。

加えてもう一つ、強調されるべき点がある。これまで述べられてきたように、状況に非依存的であるということは、過去や未来といった時系列の変化にかかわりない、端的な対象がはじめてこの場に現れるということでもある。この対象は、「今」における端的な他者存在でもあるのだ。たとえばそうしたものとしての自然と出逢うとき、そのとき「私」はたんに主客混淆的なエージェントであることを超えて、端的な「今」における他者としての自然、そして端的で自在な自己そのものとも出逢うのである。

ひとまずこれまでの議論を整理しよう。先の二種の二項対立に、三種類目の「内／外」という二項対立が組み合わさることによって発生するのは、次のような事態である。

Ⅰ　内にも外にも（一方的に）還元されない独立した対象が分離される。

Ⅱ　その対象をめぐって、「一が多を包摂し、多が一を包摂する」というかたちで、「多／一」という二項対立の調停が、その対象の内部にも外部にも同時に、あらゆるスケールと方向において拡張される。

Ⅲ　さまざまな状況に非‐依存的な、独立した「今」の状態の並存、それら端的な「今」どうしの、シンクロニシティーの状態が生じる。

自覚的、段階的にここまでの局面にまで展開する思考を、ここでトライコトミー trichotomy と命名することにしたい。

## 五　道元とトライコトミー trichotomy

さて、二元論や二項対立の克服もしくは調停という課題は、そもそも東洋の思想的営為においても古くから問われていた。西欧の形式論理では、古代ギリシャ以来矛盾律（「Aは非Aではない」、といった論理）による議論、二元論的なロジックはむしろ常套であったが、インドで発達したのは四句分別と呼ばれる独自の論法である。たとえば①Aである、という命題に対して、②Aでない（非A）という命題が立てられるのはギリシャでも同じだが、インドではこれにさらに、③Aであり、かつ非Aである④Aでもなく、かつ非Aでもない、という二つの命題が加えられるのだ。西洋的な二者択一 dilemma に対して、これはテトラレンマ tetralemma とも呼ばれている。[*18]

たとえばナーガールジュナ（龍樹）が『中論』で駆使している典型的なテトラレンマは、①すべては真実（如）である、②すべては真実（如）でない、③すべては真実（如）であり、かつすべては真実（如）でない、④すべては真実（如）であるわけではなく、かつすべては真実（如）でないわけでもない、といったものである。これらを順に、ここでは第一レンマ、第二レンマという風に呼ぶことにしよう。

二項対立の調停ということが試みられるにあたって、インドの思惟はなぜこの第四レンマまでを必要としたのだろうか？　第三レンマ「③すべては真実（如）であり、かつすべては真実（如）でない」までで、それらが調停されたと考えないのはなぜなのか？　後代の中観帰謬派の論者たちの解釈によれば、第三レンマは、「ある刹那に生じたことがまた別の刹那に生じることと異なっている」という、時系列での状態の変化を前提にして、第二レンマまでを否定しているものであるに過ぎない。彼らはそれを、二元論の「相対的否定」であるとして否定する。これに対し、第四レンマであればどの刹那であっても、第一レンマでも第二レンマでもないのだから、これこそがまさしく二元論の絶対的否定と言いうるものなのだ。

　たとえば不生不滅という言葉があるが、生があってかつ滅があるというと第三レンマだが、これを言うことには意味がない。あたり前だからである。むしろ後代の日本の禅僧盤珪永琢（ばんけいようたく）が、「不生禅（ふしょうぜん）」を唱えたように、[*19]そもそも生がないから滅もないということが言われてこそ生滅の二元性が超えられるのである。

　第三レンマまでが状況依存的であって、二項対立の真の調停になり得ていないという問題意識は、トライコトミー trichotomy の観点からすると、「主体／対象」と「多／一」という二種の二項対立の組み合わせが局所的、状況的に考えられていた状況を、いかに超えて多即一、一即多の世界観に超出するか、端的な「今」における他者としての対象、自然との遭遇を期するかという、そうした課題が溜めこまれている状況である。

　四句分別は初期仏教の以前からあるロジックだが、[*20]『中論』ののちの大乗仏教の思想は、まさにその葛藤を孕んだうえで、爆発的に自己展開し、初期仏教にないさまざまなあらたな表現を生んだ。多即一、一即多という世界観は、文字通り華厳仏教においてとことんまで展開され、賢首大師法蔵らによってさまざまな角度から具体的に検討された。禅はというと、たとえば有名な臨済義玄の問答のように、「奪人不奪境」「奪境不奪人」「人境倶奪」「人境倶不奪」*21といった具合に展開される、禅者どうしの出会いがしらの劇しいぶつかり合いと揺さぶりを事としたが、そこで出逢われたのはまた、岩田がいうようなアニミズム的な、他者としての自然、その宇宙的ないのちでもあった。たとえば道元の『正法眼蔵』には、そうした経験の、実に鮮やかで豊かな表現が溢れかえっている。その一部を採り上げて、ここではトライコトミーtrichotomy的にそれらの構造を分析していくことにしよう。

「内／外」の問題、自然や環境とそれによる包摂の問題、いのちということについて、道元は「現成公案」のうちで、

道元の肖像。提供：Alamy/アフロ

こんな風に雄弁に語っている。

> うお水をゆくに、ゆけども水のきわなく、鳥そらをとぶに、とぶといえどもそらのきわなし。しかあれど、うおとり、いまだむかしより水、空をはなれず。……鳥もし空をいづればたちまちに死す、魚もし水をいづればたちまちに死す。以水為命しりぬべし、以空為命しりぬべし（道元　二〇〇四a：五一–五二）[*22]。

鳥はそらをもっていのちとし、魚は水をもっていのちとする。鳥や魚のいのちは、それらの身体のうちに封じこめられているのではない。それらを包みこむ環境、そらや水そのものが鳥や魚のいのちであるというのだ。しかもこれはただ有機体の輪郭を境界にした、内と外の反転を語っているのではない。「水のきわなく」「そらのきわなし」と言われるように、そこには際限のない無限の世界そのもののあからさまな啓示がある。包摂、「内／外」、そして自然（環境）、鳥や魚の、躍動するひとつのあり方が、世界のすべて、つまり万象にそのままじかに通じて一体であることがここでは謳われている。そらをもっていのちとする鳥、水をもっていのちとする魚は、文字どおりその環境と一体になって滞ることなく生きる。——そこには有限ではあるが、主客が渾然とした生のありかたがある。そして、この生、このいのちが、たちまち万象に、きわのない無限な宇宙的規模のいのちに包まれている。隔絶しながら、しかも繋がっているのだ。

ここで、包摂する、されるということが、きわめて大きな意味を持っていることは明らかである。「現成公案」のこの短い文章のうちでも、一なる存在が万象にじかに繋がること（「一／多」）、主体と自然（環境）が一体であること（主体／対象）、被包摂と包摂（「内／外」）という二項対立の三つ組みが、しっかりと組み合わさって機能しているのだ。

環境と主体の主客混淆的なあり方については、まだしも理解しやすい。とはいえそれが全世界にまで繋がってゆくという機序は、先の引用だけだと充分には分らないのではないだろうか。ここに、「全機現」という言葉がある。ある瞬間のある自然の現れが、全宇宙のいのちと響きあっており、そのあらゆる機関が全部同時に働いているということを表わす表現である。「生は全機現なり、死は全機現なり」（道元　二〇〇四b：二六八）とも言うが、そうした機構について道元が、具体的に論じている箇所を見てみよう。

> 生というは、たとえば、人のふねにのれるときのごとし。このふねは、われ帆をつかい、われ舵をとれり、われ竿をさすといえども、ふねわれをのせて、ふねのほかにわれなし。われふねにのりて、このふねをもふねならしむ。この正当恁麼時を功夫参学すべし。この正当恁麼時は、舟の世界にあらざることなし。天も水も岸もみな舟の時節となれり、さらに舟にあらざる時節とおなじからず。このゆえに、生はわが生ぜしむるなり、われをば生のわれならしむるなり。舟にのれるには、身心依正、ともに舟の機関な

り。尽大地・尽虚空、ともに舟の機関なり。生なるわれ、われなる生、それかくのごとし（道元　二〇〇四b：二六九）。

主体と自然（環境）との関係は、ここでは「われ」と「ふね」というかたちをとっている。「ふね」の帆を使い、舵をとって、竿をさして漕いでいるのは「われ」であっても、この「われ」をすっぽり包んで一体化しているのが環境である（ふねのほかにわれなし）。そして「われ」が乗り込むことで、「ふね」を「ふね」であらしめてもいる。環境と主体のあいだには、相互を成立させる主客混淆の状態があるのだ。しかしもとより、この「ふね」を浮かべているのは川であり、その岸であり、さらには天がそれを覆っているであろう。「全機現」が語られるためには、それらと「ふね」との関わりが開示されねばならない。

ここで転機として現れているのは、この「正当恁麼時（まさにその時）」を功夫参学すべしという言葉である。つまりここで、端的な「今」という主題が唐突に浮上するのだ。この「今」にあっては、「舟の世界にあらざることなし。天も水も岸もみな舟の時節となれり」という。トライコトミー trichotomy の構造においても、《Ⅲ　さまざまな状況に非‐依存的な、独立した「今」の状態の並存》と、《Ⅱ　「一が多を包摂し、多が一を包摂する」というかたちで、「多／一」という二項対立の調停が、その対象の内部にも外部にも同時に、あらゆるスケールと方向において拡張される》ということが語られたが、この「正当恁麼時」にある

「ふね」は、まさにそうした機構においてそのまま世界と繋がっているのである。そして「天も水も岸も」、すべてが「ふね」と同じ「今」、そのシンクロニシティーにおいてある。これが《全機現》と呼ばれる状態なのだ。

ここで語られていたのはまた、そもそも生についてであった。「生はわが生ぜしむるなり、われをば生のわれならしむるなり」とあるように、「ふね」はそもそも「生」の喩えなのである。「身心依正」というのは、身心および主体とそれをとりまき、それが拠りどころとする環境のことであるが、「生」はまずこうした主客混淆的な、環境と一体のものとしてある。そうしたまずもって暫定的な恒常性が「生」なのだ。それがここでは「舟の機関」になぞらえられており、さらに「尽大地・尽虚空、ともに舟の機関」であるようにして万象のうちに包摂されている。「生なるわれ、われなる生」もこのように全宇宙のいのちのうちにあり、かつ独立しているわけである。

とはいえ、ともすればここでの道元の言葉は、「生」が万象のうちに包摂される、その連続性や関係だけに重点が置かれたもののように思われるかもしれない。しかしこの「全機現」という文章が、「諸仏の大道、その究尽するところは、透脱（とうだつ）なり、現成なり。その透脱というは、生も生を透脱し、死も死を透脱するなり」という言葉から始まっていることからも分かるように、「正当恁麼時」にある「生なるわれ」は、万象のうちに包摂されてありつつもなお「透脱」している。すなわち、一方的に包摂、還元されているわけではなく、みずからも世界を包摂するものとして独立してあるのである。この《全機現》はまた、「正当恁麼時」、すなわち「今」という意味でも、そこで語られるすべてがそれぞれに独立している。「舟にあらざる時節」と呼ばれたものを「死」ととらえるならば、「生」と「死」もお互いに独立しており、それぞれに《全機現》なのだ。

先に挙げた「現成公案」のうちの次の言葉は、そうした機序を雄弁に物語るものである。

> たき木、はいとなる、さらにかえりてたき木となるべきにあらず。しかあるを、灰はのち、薪はさきと見取すべからず。しるべし、薪は薪の法位に住して、さきありのちあり。前後ありといえども、前後際断せり。灰は灰の法位にありて、のちありさきあり。かのたき木、はいとなりぬるのち、さらに薪とならざるがごとく、人のしぬるのち、さらに生とならず。しかあるを、生の死になるといわざるは、仏法のさだまれるならいなり。このゆえに不生という。死の生にならざる、法輪のさだまれる仏転なり。このゆえに不滅という。生も一時のくらいなり、死も一時のくらいなり（道元　二〇〇四a：四六）。

薪は燃えて灰になる、そして灰は薪に戻るわけではない。しかしここでただ灰が後で薪が先だという風に見てはならない。薪には薪の「法位」があって後も先もある。灰にも灰の「法位」があって後も先もある。

薪それじたい、灰それじたいのうちにある「さきからのちへ」という移りゆきよりも、薪から灰へ、という移りゆきのほうが大きなもの、より包摂的なものとしてあるのではなく、薪それじたい、灰それじたいのうちの「さきからのちへ」という移りゆき、それらの時節もまた他のすべての移りゆき、すべての時節を包摂するものとしてあり、独立したものとしてある（「前後際斷せり」）のだ。そして生と死も、互いにまさにそうしたものとして独立してある（「生も一時のくらいなり、死も一時のくらいなり」）。これがまさに道元の語ろうとしたことであった。

「全機現」においては、「ふね」と「われ」の主客混淆状態（「主体／対象」）から、それをさらに包摂する「内／外」の主題が現れ、さらに「一／多」の相互包摂としてそれが「尽大地・尽虚空」にまで拡張される（「舟の世界にあらざることなし」）。ここで重要な転機をなしたのは、「正当恁麼時（まさにその時）」という「今」そのものに眼を開かれることであった。――そしてその「今」を、流れる時節の移りゆきからみずからを透脱させるもの、むしろすべての時節を含むものとしてとらえるならば、それは先の現成公案の言葉のようになる。ここではほんの部分的な例を挙げたにとどまるが、道元が語っているさまざまな言葉は、まさにトライコトミー trichotomy 的な構造において、複数の二項対立を組み合わせながら、当初の二項対立そのものをそれぞれの局面で鮮やかに調停する論理をしめしているのである。

さて、禅が自然と、また全世界とどのように出逢ったか、その経験のうちに働いている複数の二項対立の機構がどんなものであるかについては、そのごく一部をここに垣間見ることができた。しかしさらに重要なのは、そこで働いている経験そのものであろう。つまり、鳥や魚を眺め、川で舟を漕ぎ、薪が灰になってゆくその炎を前にして、それがどう実際に悟達されたかである。——その経験、その出逢い、その根源的な感情が、どのようなきっかけで感じられているのか。また、それが獲物を狩る狩猟民のアニミズム的思考とどのように共鳴しているのか？　これからさらにそれらについて探っていくことにしよう。

【注　釈】

＊1　「神話の構造」で彼が提示し、のちに神話公式（Canonical Formula）と呼ばれた式 Fx(a):Fy(b) = Fx(b):Fa-1(y) も、要素（項）と要素間の関係が、お互いにねじれあって同じ平面に並ぶことを比喩的に表現したものである。

＊2　さらにまた、無文字社会やその神話のうちには、複数の二項対立について、それら同士を近づけて矛盾・対立をなくしたり、それらのいずれとも関係があるが異なっている第三項を導入することによって調停するという《媒介》と呼ばれる思考もまた、見出されるとレヴィ＝ストロースはいう。そもそも、要素／要素間の関係という二項対立じたいが、そこでは複数の二項対立とのからみあいのうちで調停され、無効化されているわけである。

＊3　たとえばヘーゲルの弁証法においては、普遍と個別、有と無などの対立物を止揚することに

よって統合することが目指されており（正、反から合へ）、その方法もつねに同じまま、論じられる対象が次々と変わっていくことで議論がステップアップしていくという形態を採る。またデリダが提示した脱構築という方法もまた、古代ギリシャ以来哲学において前提とされてきたさまざまな二項対立を無効化することを目指したものだったが、その調停方法そのものは同じであり、やはり論じられる対象が変わっていくだけである。西洋の哲学的思惟においてそもそも前提となっている、複数種の二項対立の特定の結びつきとそれらの共謀関係が、そこではいまだ疑問に付されてはいないのだ。

＊4　現代の哲学の動向については、本文中で後に例を採り上げるが、実際にはこうした傾向は、いわゆる存在論的転回を遂げたとされる人類学においてとりわけ顕著である。社会人類学研究室（LAS）主任、コレージュ・ド・フランスの教授でレヴィ＝ストロースの高弟でもあるフィリップ・デスコラは、「主体／対象」、「一／多」という二種の二項対立の組み合わせの違いから、ナチュラリズム、アニミズム、トーテミズム、アナロジズムという四つの文化の図式が生まれたと考えている。たとえば、生物種を超えて精神は不変であり、しかし異なるパースペクティヴをもっているので自然そのものは異なるものとしてある（多自然論）という考えを採るのがアニミズムであり、人間の精神や文化は多様だが（多文化論）、自然そのものは科学的に客観的で唯一のものがあると考えるのがナチュラリズムである、という風に解釈するのである。対象・自然が多であって精神・主体が一である例と、精神・主体が一であって対象・自然が多である組み合わせがここでは考えられている。デスコラは後者のナチュラリズムが西洋近代の思考であるとする。こうした組み合わせの解釈と、主体が一とされるか多とされるかという面での異同については、拙著（清水　二〇一七）、第五章「幹‐形而上学としての人類学」を参照のこと。

また、今日もっとも影響力のある人類学者の一人であるマリリン・ストラザーンも、異なる文化集団を区別し、また間接的に結びつけるものとしての道具という対象に着目している。そうした対象をめぐって描き出される文化的布置がそれらの集団を特徴付けるが、同じ道具をめぐって異なる布置を描く別の文化集団もある。またそうした道具じたい、さまざまなものがありうる。多様な文化を結びつけ、相対化するのは、もはや文化相対主義的な見地に立つフィールドワーカーではなく、さまざまなモノ＝対象なのである。ここにも「主体／対象」、「一／多」という複数の二項性の結びつきの組み換えが現れている。

*5 Michel Serres（一九三〇―二〇一九）。フランス南西部アジャンに生まれ、高等師範学校を経て教授資格を取得、パリ大学、スタンフォード大学等で教鞭をとった。アカデミー・フランセーズ会員であり、ライプニッツ研究から出発し、現代の百科全書派的な博覧強記の学者として知られた。文人としても優れ、卓越したエッセイの書き手でもあり、フランスでは国民的な哲学者として人気があった。彼が『パラジット』という書物のなかで提示した準‐客体（Quasi-Object）という概念や、「翻訳」という彼の概念はアクター・ネットワーク論にも大きな影響をおよぼしている。アクター・ネットワーク論と彼の思想については拙著（清水　二〇一九［二〇一三］）を参照のこと。

*6 Bruno Latour（一九四七―　）。フランスの哲学者、人類学者、社会学者。パリ政治学院教授。方法論としてのアクター・ネットワーク論をミシェル・カロンらと練り上げたことで知られる。第三六回（二〇二一）京都賞を思想芸術部門で受賞。

*7 モンサント社は、アメリカに本社のあった代表的な多国籍バイオ化学メーカー。除草剤ラウンドアップを開発し、これに耐性をもつ苗種を遺伝子組み換えによって作ったことでも知られる。二〇一八年にドイツの老舗化学工業で製薬会社であるバイエルによって買収された。

*8 （ラトゥール　二〇〇七）、第五章「事物の歴史性　微生物はパストゥール以前にどこにいたのか？」を参照のこと。

＊9　このとき、「アクターX」、つまり「乳酸酵母」を見出すために実験室中のさまざまなアクターが動員されるが、そこで発見された乳酸酵母もまた、別の「アクターX」を見出すために主体によって動員されうる。アクター・ネットワーク論は、中心的なアクターとそれを媒体とする複数の主体的アプローチ、およびそのとき動員される複数の他のアクターの関係づけによる「ネットワーク」であるが、さらに拡張的には、そうした中心的なアクターを複数の結節点として持つような、より大きな網の目状構造として科学の諸対象そのものを考えることもできるし、またそう考えなければ還元主義に陥ってしまう。ミシェル・セールは、その学問の出発点となるライプニッツ研究において、すでにライプニッツの数学や学問が複数の「一－多」構造が結びつき、相互に参照しあう網の目状の構造をなしていることを指摘し、また初期の著作『干渉』において、同時代の諸科学の全体がまたそのような相互翻訳の関係にあることを指摘した。セールによる網の目状をなすエピステモロジーのモデルについては、拙著（清水　二〇一九［二〇一三］）を参照のこと。

＊10　岩田慶治（一九二二―二〇一三）、本書第一章第八節も参照のこと。京都大学に学び、寺に寄宿し参禅するなどの経験を経て軍隊に召集される。戦後地理学を学び、フンボルトやリッターに傾倒したが、のち文化人類学に転ずる。東京工業大学教授、国立民族学博物館教授等を歴任した。参与観察ということの意味を突き詰め、フィールドワークをする文化に対してみずからが同時に内的にも、外的にもあることがいかにしたら可能であるかを生涯問い続けた。禅の思想はその意味で彼に多くの示唆を与えた。主に東南アジアをフィールドワークの対象とし、アニミズムを禅とも通底する根源的な宗教体験であるとした。毎日出版文化賞、南方熊楠賞などを受賞。

＊11　（岩田　二〇〇〇：六九）、第五章「道元と現代文明」を参照のこと。

＊12　内部的な構成要素に還元してオブジェクト（対象）を説明したり、逆にそれがもつ外的な用途や文脈に還元して理解することが哲学の営為であったことがそこでは批判されている。

＊13　このように、それが使われる用途という意味でのみ捉えられている存在を、ハーマンはハイデガーの道具分析の概念を用いて「手許存在（Zurhanden-Sein）」と表現する。眼前にあって対象的に認識される存在である「手前存在（Vorhanden-Sein）」よりもこうした道具はそれを用いる者にとって近い存在、よく知られた存在であるが、しかし却ってそのことがそのモノの別の深い側面を隠してしまっている。この隠れてしまうことを事物の脱去（Entzug）と表現するが、ハーマンのユニークさはそこに独特の包摂のテーマを持ち込んだところにある。

＊14　ハーマンはハイデガーから援用した脱去（Entzug）という概念を用いつつ、内部関係にも外部関係にも還元されない独立した中間的統一体としての対象について論じていく。そこでは対象どうしの外的関係や、脱去した存在としての対象のあり方などの違いに応じて、感性的対象、実在的対象、感性的性質、実在的性質、などの多くの概念が立てられ、それらの関係が描きだされていく。

　ハーマンの思想についての筆者の見解は、拙著（清水　二〇一七）の七章、八章を参照のこと。ここで私たちにとって重要なのは、何よりも彼のオブジェクト指向存在論もまた、複数の二項対立の組み合わせによる操作を前提にしているという事実である。

＊15　こうした相互包摂について、ミシェル・セールはかつて袋詰め（ensachage）という概念を提示した。たとえば青い袋を別の黄色い袋に詰めていくように、多重の入れ子的な包摂を考えると、そこに詰められた黄色い袋は拡げることによって自分を詰めていた青い袋を内に詰めることができる。われわれは通常、マトリョーシカ人形のように包摂するものは不可逆的に、より大きなものや全体的なものに含まれることになると考えるが、包摂ということをそこまで《方向づけられたもの》として考えるべき理由はない。ライプニッツの多元論的世界像であるモナドロジーも、そのようなモナド相互の相互包摂の有様を描いているというのである。

＊16　ハーマンは第三項として現れる包摂者がお互いに位置を入れ替えることを、ライプニッツと同

時代のフランスの哲学者マルブランシュの用語を借りて、《機会原因 Cause Occasionnelle》的なものであると表現している。マルブランシュにおいてはこの用語は、あらゆる現象を認識する最終的かつ能動的な主体は神であり、事物はその認識にとっての機会を与えるに過ぎないという意味だが、ハーマンにおいてはこれが、文字通り包摂者の位置が《臨時のもの Occasionnelle》でしかない、という事態を指すものとして読み換えられている。

＊17　このように《構成素的なものが素朴にあるのではなく、まずさまざまな性質と作用を複合的に媒介し、織り込む作用体がある》ということは、まさにラトゥールが乳酸酵母とパストゥールの関係について明らかにしたことでもある。素粒子であれ、銀河系であれ、われわれはそのようなものとしてしか捉えることはできないのだ。

＊18　このような思考を西洋のロゴス的な論理と比較して探究した試みとして、山内得立『ロゴスとレンマ』（山内　一九七四）がある。先見的な考察で示唆深いが、ここで山内は第三レンマと第四レンマの位置を入れ替え、最終段階として第三レンマを持ってくるという恣意的な操作を行っている。しかし第三レンマから、第四レンマまでの移行が、こうしたテトラレンマの議論においてはもっとも本質的なのであり、この操作はむしろ致命的であったといわざるをえない。

＊19　盤珪永琢（一六二二―一六九三）。江戸前期の臨済宗の僧。平易な言葉で禅を説きその後の禅の展開に影響を与えた。「不生の仏心」ということを参究工夫することを説く不生禅を提唱した。

＊20　たとえば『リグ・ヴェーダ』の「宇宙開闢の歌」は、すでに「かの初めの時、有もなかりき、無もなかりき。死もなかりき、不死もなかりき」で始まっている。初期経典や律経典、初期仏教部派のアビダルマ文献にも、四句分別による比較が多く見られるという。また、釈迦の説いた十二支縁起の逆観は、すでに「～がなければ～はない」という論理を展開しており、これは無明、生死などそこで語られる要素（項）のドミノ的連鎖を前提としているものの、「どちらの要素（項）でも

ない」という状態の表現と見ることができる。ナーガールジュナの『中論』もまた、十二支縁起の「〜がなければ〜はない」という議論（還滅門）を再重視している。それは先行する諸派が発展させた議論を戯論としてナーガールジュナが次々と否定する局面で反復再演されるが、存在と非存在の第四レンマ的な解決（有無の離二辺の中道）をふくむ根本的な第四レンマである八不（不生不滅、不断不常、不来不去、不同不異、）からすればそれらの議論の多くはそもそも、「〜がある、〜ない」というかたちで存在や非存在を素朴に命題に組み込んでおり（たとえば「涅槃はある、涅槃はない」）、四句分別的に枚挙しても、そこで語られるものはすべてそれ自体としては成立していない（無自性）。つまり二元性を超えたものたりえず、他との縁においてあるのだが（相依性）、しかもそのこと自体「〜がなければ〜はない」という否定的なかたちで確認されねばならないのである。

初期仏教は大乗仏教に確実に繋がっており、それ以上に長いスパンでアニミズムが禅にも、ありうべき哲学にも繋がっているものと思われる。

＊21　臨済の四料簡と呼ばれるもので、人は主体、境はそれによって感受される対象世界をいう。奪人不奪境は、主体を奪って対象世界を奪わない。奪境不奪人は対象世界を奪って主体を奪わない。人境倶奪は主体と対象をともに奪う。人境不倶奪は主体と対象をともに奪わない、あらしめるといった意味。もちろん、これもまたテトラレンマ的な表現である。

＊22　仮名遣いは現代仮名遣いに改めた。

【参考文献】

岩田慶治　二〇〇〇　『道元との対話』講談社学術文庫。

エルンスト、マックス　二〇〇五　「シュルレアリスムとは何か?」『慈善週間　または七大元素』巖谷國士訳、河出文庫。
清水高志　二〇一九［二〇一三］『ミシェル・セール――普遍学からアクター・ネットワークまで』白水社。
清水高志　二〇一七『実在への殺到』水声社。
ラトゥール、ブリュノ　二〇〇七『科学論の実在――パンドラの希望』川崎勝・平川秀幸訳、産業図書。
増谷文雄　二〇〇四a『正法眼蔵（一）』講談社学術文庫。
増谷文雄　二〇〇四b『正法眼蔵（四）』講談社学術文庫。
山内得立　一九七四『ロゴスとレンマ』岩波書店。
レヴィ＝ストロース、クロード　二〇〇八『構造・神話・労働【新装版】――クロード・レヴィ＝ストロース日本講演集』大橋保夫・三好郁朗・松本カヨ子・大橋寿美子訳、みすず書房。
Harman, Graham　2011　The Quadruple Object. Zero Books.（ハーマン、グレアム　二〇一七『四方対象』岡嶋隆佑・山下智弘・鈴木優花・石井雅美訳、人文書院）
Kant, Immanuel　1998　*Kritik Der Reinen Vernunft*. Koch, Neff & Oetinger & Co.（カント、エマヌエル　二〇〇八『純粋理性批判』熊野純彦訳、作品社）
Latour, Bruno　1997　*Nous n'avons jamais été modern*. La Decouverte.（ラトゥール、ブルーノ　二〇〇八『虚構の近代――科学人類学は警告する』川村久美子訳、新評論）

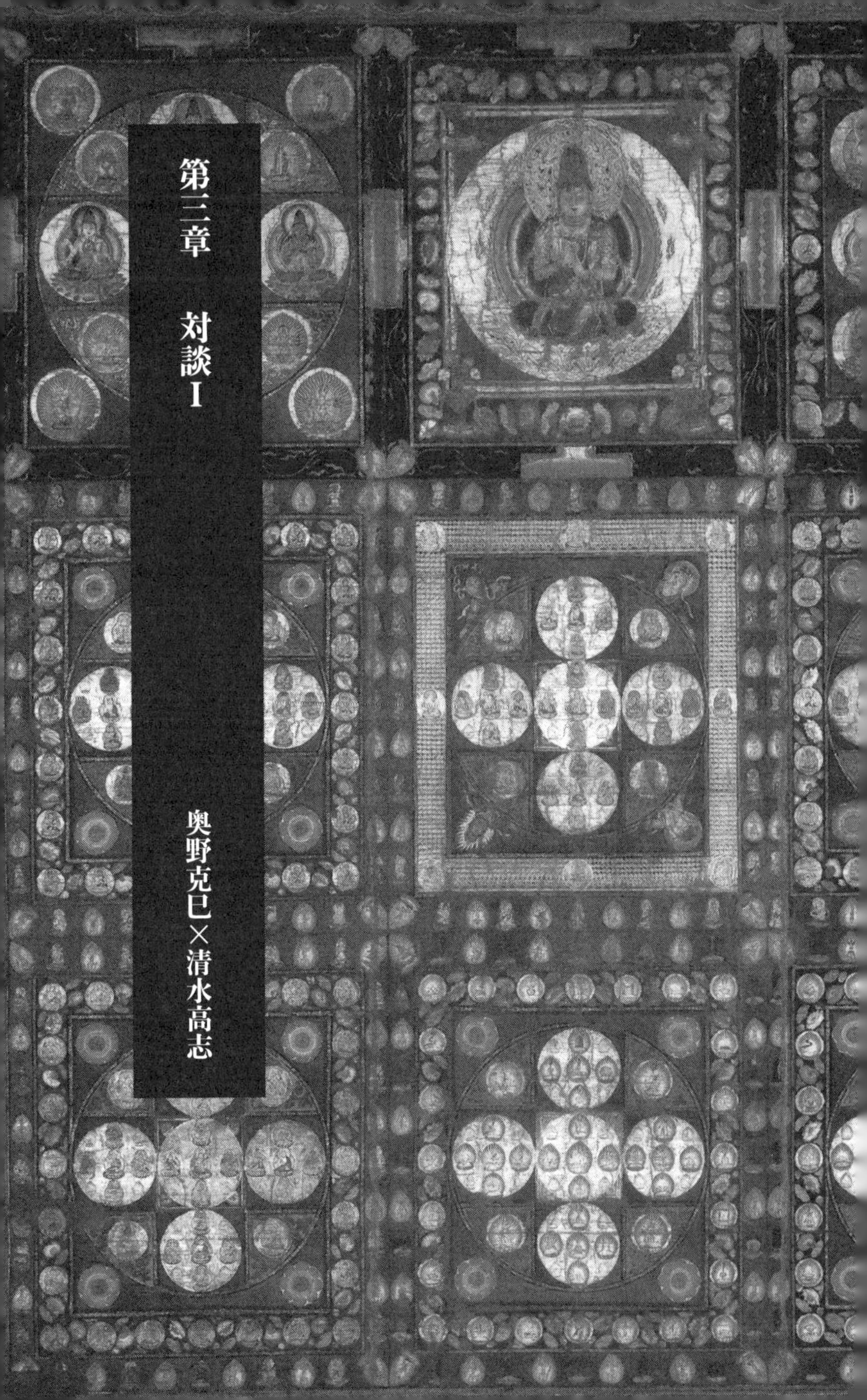

# 第三章　対談Ⅰ

奥野克巳×清水高志

扉写真　金剛界曼荼羅。提供：ALBUM／アフロ

## 食う‐食われる関係としてのアニミズム

――「今日のアニミズム」と題する本書には、人類学者の奥野さん、哲学者の清水さん、それぞれの立場から書かれた論考が収録されています。ここでは、お互いの第一論文を読んだうえで、改めてそれぞれの論文について批評しながら、現代におけるアニミズムの問題についてお話いただければと思います。

**清水**：私は第二章では、直接アニミズムまでは行かずに仏教・禅について論ずるところで終わってしまったところがあります。奥野さんにはアニミズムについて、日本の例とか、海外の例を具体的に書いていただいたのが有り難かったですね。あるいは、アニミズムにおいて何が語れるのか、とか。

**奥野**：人類学からすると、どうしても具体的なところから出発せざるを得ないところがあります。清水さんの第二章では、アニミズムをかたちづくる原基のようなものをトライコトミーという論理において深められている。ブルーノ（ブリュノ）・ラトゥールに始まり、岩田慶治、禅とドライブがかかってきて、最後に道元。非常に鮮やかにアニミズムへの道が示されています。具体的な現実に向き合う人類学者にはなかなか書けない迫力のある論考です。

**清水**：奥野さんの第一章は、アニミズム世界と人間世界との地続き性、あるいは断絶について、我々が当事者としてどう向き合うべきなのかというまさに今日的な問いかけですね。この地続き性がさまざまな反転のイメージや往相・還相などの回帰テーマで、それこそメビウスの帯のうえを歩く蟻のような視点から語られるというところが興味深かったです。どちらかと言うと私は世界観そのものが反転する現場を捉えようとしています。もう一段その状況を俯瞰するというか。そして、禅やアニミズムの世界観への不可避的な反転を語りたかったのです。近年、哲学や人類学などの学問はどちらも大きく様変わりしてきていますよね。その変化を突きあわせるようにして考察しないと、分からないことが沢山でてきた。個別に考えるには問題が大きくなりすぎて、人類学の奥野さんのお知恵を借りなければいかんともし難いところに来ています（笑）。どちらの学問でも変わったのは、近代西洋の文明を批判するそのあり方です。さまざまな文化を相対的に見るというだけでなく、科学的な知の対象やモノのレベルにまでどちらの学問も踏み込み始めた。そこに今世紀の特色があります。

第二章にも書きましたが、ラトゥールなどの批判的検証によってなによりも明らかになってきたのは、従来の西洋近代の考え方である、「客観的な基礎となる部分から、知が全体として構成されていく、そういう方向づけが確固としてある」という考え方。《アトミズム》という風に私は呼んだのですが、これが少しも自明なものではない、ということですね。ラトゥールは、たとえば乳酸酵母のような科学的な知の対象が、研究主体による複数のアプローチを通じて、研究室のさまざまなモノを動員することを通じて作り出されていく、その過程に注目して詳細に分析しています。そうした科学的な知の対象は、それにアプローチする研究主体のさまざまな働きのいわば結節点＝媒体であり、主体と対象のあいだには循環的な相互作用があるというんですね。

知の対象はもとからただ素朴に存在しているのではなく、これらの作用のなかで作られるものでもある。しかし重要なのは、そこで作られたものが、別の対象を作るためにさらに動員されることもある、ということです。主体と対象のあいだに循環的な作用があるということは、さらに間接的に複数の対象と対象のあいだにも相互的で可逆的な生成があるということなんです。ひとつのアクターネットワークの結節点があると、それを見出すために動員されるさまざまなアクターも、ただもともと自明なものとして想定されるわけではない。それらもやはりネットワークの結節点としてあるはずです。そもそも学問的、技術的な対象世界全体が、そうした複数の結節点が結びつきあってできた巨大な《網の目》であり、ネットワークのネットワークなのではないか。多領野にわたるライプニッツの学問の研究から出発して、このような世界観を最初に提示したのはミシェル・セールでした。この《網の目》のなかでは、出発点も遍在しているし、すべての結節点は間接的に他の結節点のうちに含まれている。彼はライプニッツ研究から現代の諸科学のあり方の考察へと進んで、そんな考えに至ったのですが、ラトゥールは科学の生成の現場を検討する方法としてそこから「翻訳」の概念とか、多くを学んでいますね。*

そんなわけでアトミズム的な世界観というものは、ヨーロッパの近代科学の特殊な前提のうちでしかおそらく成立しない。しかし、それが一旦崩れると、どこを原因として固定することも出来ないし、どこから始まってもいい、部分と全体の関係そのものも固定的でなく、間接的に何が何に含まれてもいいというような、スケールフリー的な世界が到来する。これは地域研究の現場で、マリリン・ストラザーンのような人

＊ 清水高志 二〇二〇「世界の《ざわめき》に耳を傾ける――ブリュノ・ラトゥールの思想的系譜とそのヴィジョン」『たぐい』Vol.3、九三―一〇六頁、亜紀書房。

がすでに指摘していることでもありますね。たとえば狭い限定された地域を出発点として、より複雑な広い地域というものが捉えられるわけではない。どのスケールにも濃密な文化的事象が見られ、それらが部分から構成されるということはない。またそれらの諸文化をお互いに緩やかに繋いでいるのは、さまざまな道具というモノ＝媒体だというのです。

ところで奥野さんの第一章を読んでいて、改めて私が思ったのは、物を食べるとか、生命を作るということが、そもそもどういう意味をもっているのか、ということです。食べたものが自分たちをつくっているわけですよね。たとえばアジアの米食の文化は、米を食べるために一生を費やして、米を作り続けている人生なわけで、米を食べているのか、米に作らされているのか、もはやよくわからない面がある。それは、いわばこの世界で何が何に呑み込まれているのかわからないということです。——奥野さんが言及されているように、熊は人間を食べるかもしれないし、人間も熊を食べるかもしれない。そこには必ずしも固定された方向はなくて、幾度も裏返っているわけです。

そうした状況のうちで到来する劇的な「何か」が、アニミズムなんじゃないかと私は思うんです。近代的な価値観の前提よりも、非アトミズム的な世界の方がむしろ包括的なのだということになると、さまざまな条件が変わってくる。それを考える一つの鍵がアニミズムなのではないか。

**奥野**：なるほど、清水さんの主題とされている非アトミズム的世界観はまさにアニミズムの中心的テーマですね。私は「アニミズム」をテーマにｗｅｂ連載*をやっていまして、そのなかで、宮沢賢治の「法華経」的アニミズムについて書いたんです。哲学者の梅原猛も、『地獄の思想』や『人類哲学序説』なんかで繰り返し宮沢賢治について言及しています。私も第一章で取り上げましたが、宮沢賢治の「なめとこ山の熊」**という童話がありますね。そのなかでは小十郎という猟師と熊は非常に関係が近い。小十郎と熊は話すこともできるんです。そして、小十郎が熊を狩るのではなく、熊のほうから身を捧げてくれるわけですよね。最終的には、小十郎が熊に身を捧げることにもなる。つまり、食う－食われるという関係は、北米北方先住民研究ではgift in the animal（動物からの贈与）としても知られていますけれども、仏教の捨身行、いわゆる本生譚なんです。

**清水**：本生譚に現れる《捨身飼虎（しゃしんしこ）》の話ですね。

**奥野**：そうです。これは東北から北海道、シベリア、アラスカなんかに広がるような存在論で、その世界観が宮沢賢治の文学にも溢れているのだと思います。熊が人間に

* 本対談が行われた二〇一九年一一月時点では亜紀書房のｗｅｂサイト「あき地」において「片づけの谷のナウシカ　現代に息づくアニミズム」と題するエッセイを連載中だった（二〇一九年五月二四日～二〇二〇年三月二四日）。その後、それは『モノも石も死者も生きている世界の民から人類学者が教わったこと』とタイトルを替えて書籍として出版刊行されている（二〇二〇年九月二五日）。

** 宮沢賢治　一九九〇「なめとこ山の熊」『注文の多い料理店』一二九－一四四、新潮文庫。

玉虫逗子模造に描かれた捨身飼虎図。
奈良国立博物館蔵

身を捧げてくれるとともに、最終的には人間が熊に身を捧げるという、狩る－狩られる、狩られる－狩るという関係がある。この反転した形で身を捧げるということが語られている。つまり、清水さんが述べられた、米を食べているのか、米に作られているのかがもはやわからない食べる－食べられる関係が消失した世界に通じるものが、アニミズムということなのではないだろうかと思います。

## トライコトミーとアニミズム

**奥野**：私から清水さんの第二章について感想を申し上げますと、二元論や二項対立といったものを超克するということが、人類学でも非常に大きなテーマだったわけですが、西洋哲学においてもとても大きなテーマとして取り組まれてきた。その超克そのものをどのように見ていくのか、という点をレヴィ＝ストロースを手掛かりにしながら書き始めていらっしゃいますね。

そこからの論理展開が非常に面白い。一足飛びに西洋哲学を越えようという試みそのものがある意味、不毛だともおっしゃっておられるのだと思いますが、より具体的な乗り越え方、あるいは乗り越えというよりも、二項対立そのものがひとつだけしかないということではなく、それを複数積み重ねたところで考えていくという指針を示していらっしゃいます。自己と他者、人間と自然というようなひとつだけの二項対立の両極に焦点を当てたような議論では、そもそもそれらを乗り越えていくことなどできない。だからこそ主体と対象、一と多から内と外というような、複数の二項対立があることに注目して、そこからトライコトミーという図式を導かれている。

こういう哲学的な思索の理路は、私にはなかなか考えが及ばない。その意味でとても勉強になったのですが、対立する二項、そして背反性においてあることを表現するやり方で、清水さんの独特な理論が組み立てられていく。ここが非常に面白いところじゃないかなと思ったんです。二項は対立しているだけでなく、それが背反してしまうような関係性をどのように描くのかというところで、アクターネットワーク理論（ANT）が出てきます。私が感じたのは、もちろんラトゥールはそのようには言っていないでしょうけれども、一即多、多即一というような仏教の華厳思想のような方向付けへと踏み込まれていっている点がとても示唆に富んでいます。仏教的な考え方がラトゥールの思考のなかに潜んでいるけれども、ラトゥール自身は気づいてないし、取り出してはいない。そういった裏側に潜むものを、清水さんはすぐれた嗅覚で敏感に嗅ぎ取っておられるのではないかと思ったんです。

**清水：**私はここでは、三つのバイナリー（二項対立）をあげていますが、それらをすべて組み合わせると、確かに一即多、多即一の世界観として知られる華厳仏教が生まれてきた必然性が分かる気がします。一見かけ離れた科学や技術の分野で、ラトゥールが今日分析しているのは科学の状況論ですが、さらにセールが語るように、諸学問どうしも《網の目》状の総体としてあるとするなら、それもまさしく一即多、多即一の世界です。ラトゥールの議論を経由して、初期のセールがライプニッツや二〇世紀のエンチクロペディについて語ったことを振り返ると、改めて納得させられることが多い。そこからさらにライプニッツのモナドロジーにまで遡れば、これもまさに一即多の世界観であり、西田幾多郎は特にその晩年、華厳とライプニッツ、その双方から深い影響を受けて独創的な日本の哲学を生み出しました。現代人類学やラトゥールの思想には、まったく違うアプローチでそれを語り直している側面があると思います。

そもそもサイエンスの現場や具体的事象においてすら、先に述べた近代的な前提が崩れてくるというなら、それらすべてを超えたところにある、信仰や《祈り》のうちで感じられる全体としての世界では、なおのことそうでなければおかしい。そうした世界だけが、アトミズム的に成り立っているとは考えられませんから。一と多、一と全、主体と対象といった二項対立はそこでは超えられねばならない。論理だけでなく、森羅万象においてそれが成り立つというのはどういうことなのか。これはもはや哲学だけの問題ではないはずです。そこで今回まずは奥野さんにボールを投げてみて、具体的なリアクションを待ちたい、という感じですね（笑）。

**奥野**：そうでしたか（笑）。清水さんは、ラトゥールを踏まえて、東洋的なるものと呼ぶのがいいのか、人類学者の岩田慶治、そして道元の『正法眼蔵』の読解へと進まれていますね。「奪人不奪境」とは、臨済禅ですね。

**清水**：ええ。臨済の「四料簡（しりょうけん）」ですね。「人」と「境」ということが語られていますが、これは今風にいえば「主体」と「対象世界」です。これは禅問答のやりとりのなかで、問答相手の主体を否定して奪ったり、対象世界を奪ったり、両方を奪ったり、いずれも奪わなかったりということを繰り返して、四句分別[*]、テトラレンマを実践的に体得させてゆくというものです。ところでここしばらく、私はずっとナーガールジュナ（龍樹）のことを考えているんです。そこから仏教を考え直している。初期

＊ 本書第二章八一頁を参照のこと。

仏教において、釈迦自身が確実に説いたのは、有無の離二辺の中道、つまり「〜である」のでも「〜でない」のでもない、ということと、十二支縁起という考え方です。十二支縁起は、「〜があるから、〜がある」というかたちで苦と情念の世界の成り立ちを説明するもの（順観）ですが、逆観（還滅門）といって「〜がないから、〜がない」という風に、逆から展開していって苦の寂滅を説くものもあります。

不思議なことに、釈迦入滅後に発展した部派仏教の議論のほとんどを、ナーガールジュナは否定してしまうんです。また『中論』のなかではさまざまな四句分別を挙げて、ほとんどの場合それらを全部否定してしまう。そのあたりが私は引っかかっていました。そこで改めて気づいたのが、テトラレンマは実はごく絞られたものについてしか成立しないのではないか、ということです。部派仏教の理論も、「〜があれば、〜がある」という縁起の順観の考えを発展させて理論化したものなんですが、「〜があれば、〜がある」という言い方にすでに素朴に「ある」とか「ない」とかいう言い方が含まれている。根本的なバイナリーである「離二辺の中道」が成立するならこれはおかしいはずなんです。実際、ナーガールジュナも最初に四種類（八不）だけ選んでいます。「存在は永続するわけでもなく、断滅するわけでもない」（不常不断）、「生じるのでも滅するのでもない」（不生不滅）、「同じでもなく、異なっているのでもない」（不同不異）、「来るのでも、去るのでもない」（不来不去）の四つですね。「〜である」という、世界のあり方を一般的に規定するテトラレンマは実はごくわずかしかなく、具体的なものに闇雲に拡張すると議論の蒸し返しになる。どうやらこのあたりに、大乗仏教の理論的展開が生まれてきた謎や、その必然性を理解する鍵があるんじゃないか。

一方でまた私は、それとは別に西洋哲学の文脈で二項対立の問題をこれまでずっと思索してきて、考察すべき根源的なバイナリーは、ぎりぎりまで絞ると三つだけなんじゃないかと思うようになってきたんです。内と外、主体と対象、一と多という三種類ですね。これはいわばネオ八不、六不です（笑）。このとき主体と対象は、作るものと作られるものというふうにも言い換えられる。たとえばラトゥールは、科学や技術の対象は、それを作っている主体の働きがあってのものだけれど、対象の側からの作用もあってそれらが作られていると考える。さっき述べたようにそれが全域的なレヴェルにまで拡張されていくと、自分が世界そのものを作っているし、その世界がまた自分自身を作り、両者が一つであるというような、一即多の世界に辿りつく。おそらく禅もこのことを語っている。またアニミズムによって語られているのが、さっきの食う－食われるの関係もそうですが、始まりもなく終わりもないものなのだとすると、そもそもその《無始無終》を明確に定義するために、厳選された二項対立が複数組み合わされる必要があり、それならアニミズム的経験を理解するうえでも、そうした視点が逆に重要な示唆を与えるのではないかと思ったんです。

## 本生譚・供儀と贈与・無始無終の世界

**清水**：岩田慶治は、《中間》を繋いでいるものがアニミズムにおいては重要なんだということをしばしば指摘しています。奥野さんの論考にも蛙から生まれてくる新生児の話がありましたね。蛙は水と大地を繋ぐ存在であり、天と地も雨を介して繋がっており、蛙はそれらの《中間》にある存在であると。こうした《中間》の存在であることにどういう意味があるのかというと、たとえば「木は生まれたところで死ぬ」なんてことも岩田はよく言いますよね。始まりがあって終わりがあるというのではなくて、ひとつの全体があって、そこでは始まりがそのまま終わりでもある。両極のどちらでもないということが《中間》で、そこにむしろ複雑さや充溢した豊かさがある。またその始まりも終わりもない世界では、どう動いてもいい。空という環界と一体になって飛ぶ鳥が、どこからどこへ飛ぶというわけでもないように。

こういう感覚は宗教的なものとしてよくわかるし、アニミズムの物語としてもわかる。アトミズム的な前提が崩れてくると、哲学的にもそんな風にしか考えられなくなると思うんです。しかし、それをきちんと論理化しようとすると、先に述べた厳選されたバイナリーをかなり自覚的に組み立て、その組み立てを複雑に変化させる必要がある。「〜がある」という具体的な《出来事》の世界、経験の世界は、一度そうした抽象的な議論を経由して始めて、自在に語られるようになる。アニミズムに対してまず仏教がやったのもそういうことだったし、今日哲学もそれをやらないといけない。

たとえば蛙が冬眠から覚めて鳴くと、そのとき雨が降ってくるというシンクロニシティを人々が感じ、蛙を目覚めさせるために一斉に銅鼓を叩く。これは《祈り》でもあるけれども、そのなかにはもろもろの出来事が同時に起こってくることの強烈な歓びがある。このとき、実は上向するようにして世界の全体が開けてくる。禅で言えば、それが《悟り》なんだろう。そうした状況をどう捉えるのか。

奥野さんの論考にも、アイヌの熊送り、イヨマンテの話などが出てきますが、始まりもなく終わりもないということが、メビウスの帯という表象によって語られ、またそれが往還としてあることにも触れられていますね。これらはどれも印象深い譬喩ですが、二項対立を調停するということ、それがアニミズムにおいてどう表現されているのかが重要ですね。

奥野さんは、ここで宮沢賢治とともに、池澤夏樹やアーサー・C・クラークのSFもあげられていますね。私もロートレアモン伯の詩に導入部で触れていますが、これらの芸術や文芸というものも、さまざまな二項対立を重ね合わせながら、アトミズム的に制御された方向に落とさず、複雑なリアリティを創作する無意識の営みであると思う。ところで、池澤さんとアイヌとの縁はそもそもどのようなものだったのですか?

**奥野**：池澤さんの祖先はもともと淡路島の方で、幕末に徳島藩と洲本藩の戦争で負けた側で、北海道に開拓に行ったらしいのです。北海道では、アイヌの人たちと交流があったそうです。それについては、池澤さんは『静かな大地』という小説で描いています。池澤さん自身は北海道の出身ですが、自分のルーツを辿り、祖先が北海道とア

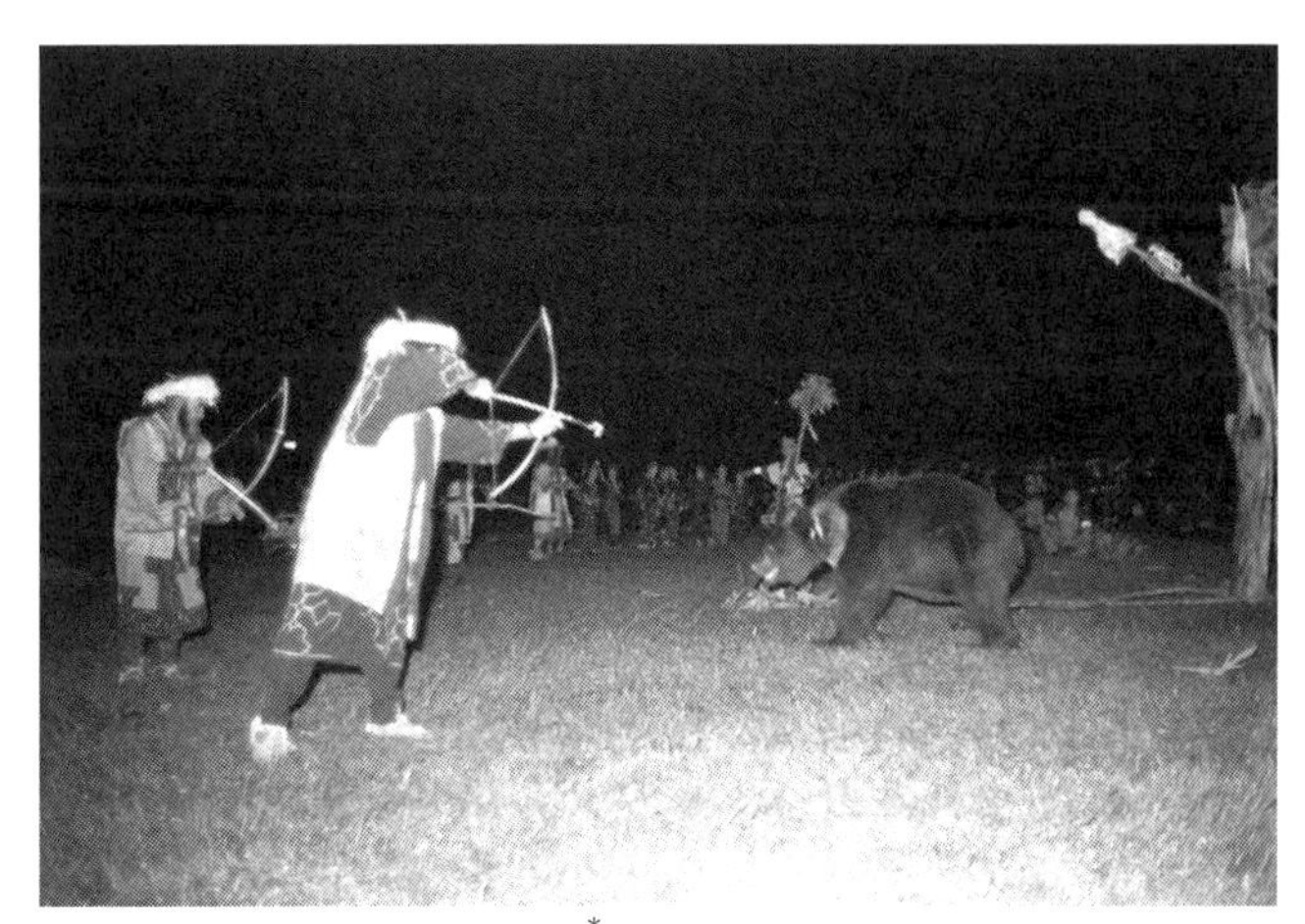

「北海道アイヌまつり」のイヨマンテ*

イヌの人にどのようにかかわったかを取材しながら、歴史小説を書いたようです。取材経験などをつうじてアイヌをより深く知るようになって、『静かな大地』の副産物として『熊になった少年』という創作神話を書いたんですね。それは、文学的な想像力のなせる技です。その創作神話のなかで池澤さんは、人と熊の関係をひっくり返しています。熊が人の世界に来るのではなくて、人が熊の世界に行って、もてなしを受けて、熊の側からクマ送りの大切さに気づくのです。

梅原猛もまた、『人類哲学序説**』のなかで熊と人間の関係について、同じ

* 旭川市営球場にて。撮影：朝日新聞社（一九六四年）。

** 梅原猛 二〇一三『人類哲学序説』岩波新書。

ように、熊の観点から人を見ているのだと思います。宮沢賢治の「なめとこ山の熊」を引いています。

「なめとこ山の熊」は、本対談の冒頭で述べたように、本生譚だと解することができます。梅原によれば、この話が本生譚というのは、熊のほうから身を捧げてくれるのと同時に、人間もまた自分の身を捧げるからです。「なめとこ山の熊」の小十郎も最後は熊に襲われて死ぬ。小十郎は実は、猟銃で熊を撃とうとして撃てなかったんです。それで熊に身を捧げた。利他行として。賢治による、ある種の法華経的なアニミズムです。熊と人間との関係というのは、熊が人間に食べられるためにやってくるだけでなく、人間も逆に熊に食べられて、狩る－狩られる、食う－食われるという関係を反転させたかたちで、自分から身を捧げるということを相互にやって、関係性を作っていくわけです。こうした関係性を、梅原も池澤も重視しているように思います。この関係の反転は、結局のところ、どちらが先であったかわからないということにつながっていくのではないかと思っています。

**清水**：まさに始まりもなく終わりもない、《無始無終》の世界ですね。それは、まず食う－食われるという問題系であり、また贈与の問題、サクリファイス（犠牲）の問題、救済の問題でもある。本生譚の捨身飼虎のように、動物に自分から身を捧げるという ものではないにしろ、まったく不合理な罪を背負って死ぬという思想はキリスト教に もあります。仏教学者の玉城康四郎は、釈迦の弟子のアングリマーラという元殺人鬼 の物語に注目していました。彼は出家して釈迦の弟子となってついに悟ったのですが、 もとがもとですから歩いていると人々から石を投げられる。なんでこんな風になるん でしょうかと釈迦に問うと、そのように「業が異熟(いじゅく)した」のだからそれを背負えとい う。たとえばこうしたミュトス(神話)を積極的に負うことで、さっき言ったような 一と多、個と全が一体になるような世界に参入することができる。

根源的な二項対立が調和されている世界は、すでに見たように「〜であるのでもな く、〜でないのでもない」という風に、一と多、個と全の「どちらでもない」世界で あるはずです。しかし現象の世界というのは通常「〜がある」「〜がない」というこ とで成り立っている。芸術やミュトスも、こうした具体性においてある。第五章で詳 しく展開していますが、このとき「〜がないから、〜もない」という、先に触れた逆 観(還滅門)を選ぶことは、事実上それを第四レンマ「Aでもなく、非Aでもない」 にすることとなんですね。このとき日常的なもの、具体的なもの(俗諦)のすべてが始めてテトラレンマ（真諦）になる。ここに発生以来の仏教の構造があるし、情念を滅するとか、捨身するとか、倫理の問題も皆ここに繋がっている。不合理な運命を、業としてわざわざ引き受けると言うことは、個としてのみずからを滅ぼすことと引き換えに、「Aがないから、非Aもない」という世界を信じ、選ぶということなのではないか。あるいは、ここでも往相、還相という話がでてきましたが、そうした選択をした者に身を託して、無力な存在として誰もが救済されるという思想もでてくる。

このあたりを深くどこまでも考えていくと、さまざまなかたちを採った宗教の根本が分かるように思うんです。ある種、「～があるから～がある」ではないけれども、たとえばシャーマンのように、自作自演的に非因果的な繋がりを呼び寄せようとして振る舞うということも、おのずとあると思うんですよ。レヴィ＝ブリュルが注目した融即（ゆうそく）ですが、これもあながち嘘ではない。そこにも確かに《祈り》がある。宗教の根幹というのは、アニミズムでもシャーマニズムでも仏教でも、まさに全部つながっている。

かつて、敗戦直後に折口信夫が、神道が国民の本当の宗教になっていなかったことが戦争に敗北した原因だ、ということを語ったことがありましたが、岩田も同じようなことをしばしば述べていますよね。アニミズムが「本当の宗教」であり、「本当の哲学」である、そんな風にならないかぎりわれわれは自分自身を見失っているんだと。

――清水さんがおっしゃるように、供儀や贈与というのは、アニミズムのような往還的な世界だけでなく、キリスト教やユダヤ教のような一神教の世界にもある。多神教と一神教のような分け方になりますが、装置としては似たようなものがあるはずなのに、そこで働いている論理がガラッと変わるのは、いったいなぜなのでしょうか。

**清水：**確かに違ってくるんですけど、不合理な罪における捨身行のようなものは、ドストエフスキーの小説などを読んでいても、意外と出てきますね。『罪と罰』なんかを読んでいても、あれは本当は最後まで自分がやったことを「罪」と思っていないですよ。あるいは『カラマーゾフの兄弟』でドミートリーがいきなりシベリアに流罪になることを受け入れたりとか。私は文学に触れていて、実はそういうところが昔からツボなんです。インドの叙事詩『ラーマーヤナ』で、突然ラーマ王子が父親の因果で罪なくして森に追放されるとかね。そういう物語に妙に惹かれるんですが、そこには普遍的な構造があると思う。

誰かが犠牲になることが、もっと醜い形を採ることもありますよね。ルネ・ジラールは宗教の根源には暴力やサクリファイスがあると考えている。一人の人間が他のすべての人のために犠牲にされる、共通の敵を作りだし、それに暴力を向けることで共同体は安定したものになるというのですが、のちにその構造が隠蔽され、犠牲者が美化されるところに《聖なるもの》の起源があるとジラールは主張した。しかしサクリファイスが、逆にそうした構造をまで含めて可視化するものとして犠牲になる当事者によって選ばれることもあり得る。捨身行のような例も、あるいはそうした可視化の例と捉えられないでしょうか？

**奥野**：人類学で言えば、サクリファイス、つまり供儀の問題はどちらかというとアニミズム的なテーマ設定の下ではあまり出てこないかもしれません。岩田的なカミではなく、一神教にしろ、多神教にしろ、神というものが出てきて、その神との交渉や契約において、人や動物を供儀をする。作物を捧げたり、家畜を捧げたりする。その見返りとしての贈与を期待する。そういったものとして、一九世紀の人類学者たちやオーストリアの伝播学派なんかが見てきたんだろうと思います。そのこととの関わりで言えば、アニミズムでは最初から供儀のようなものは必要としていないのではないでしょうか。清水さんの論考に依拠するならば、供儀ではなく、バイナリーであるところを滅却するようなかたちで展開する世界があるように思えます。私の論考で言えば、あちら側であるとは必ずしもはっきりとは言えないような世界があって、私たちの近くにもあるんだけれども、〈メビウスの帯〉状に循環している。ですから、向こうに往ってもいつの間にか還ってきていることが自由にできうるのだと想像される世界では、供儀はそんなに必要がないのかもしれません。犠牲そのものを払ったり、見返りを要求したりというような贈与と返礼の関係のようにこちらとあちら、主体と対象が分化していないように思います。

**清水：**アニミズムの方が、見返りを求めていないと。確かに通常の供犠は、施主や執行者が大いに見返りを求めている感じもします。一方で熊を食うことじたいは単独の行為ですよね。お互いに食い合うということじたいは。このとき〈メビウスの帯〉ではないですが、食うものが食われるものになるというのは、むしろどこまでも表層なんですよね。どちらが一方的に身体の構成素になるという話ではない。お互いが入れ替わって、皮一枚が違うというか。残りは流動しているような世界になる。そう考えると、アニミズム的なアイヌの神話や物語を見ていて、毛皮一枚の違いが、動物と人間の違いなんだと言うのも、自然と納得できますね。

**奥野**：なるほど。そうかもしれませんね。いわゆる外的な宇宙の間の交換ではなく、内的な人間としての、個としてのあり方の問題に深くかかわっているのですね。個が皮一枚でどんどん入れ替わっているという考え方が、アニミズム的な宇宙にはあるんだ、ということですね。

**清水**：そういうことだと思うんです。そういえば奥野さんは、人－クマ（カミ）－人－クマ（カミ）みたいな、循環についても書かれていますね。それら循環の全体を見るとカミの世界であり、それが地として浮かんでくる……。始まりも終わりもない、そして、とこしえに語りうる世界と現象の世界とが循環し合っている、そういう関係ですね。これは仏教的なものでもあると思うんです。奥野さんはまた、吉本隆明の還相・往相論と浄土思想にも触れられていて、私もそうですが、随分お互いに仏教について考えることになりましたね。実は今日、お話するにあたって、『歎異抄』を読み直してきたんです。ちょっと読むと「念仏を一念もうせば八十億劫の罪を滅し」とか

「十念もうせば十八十億劫の罪を滅し」と書いてある。簡単な計算さえもはや怪しい(笑)。

**奥野**：『歎異抄』にもそういうことが触れられているわけですね。

**清水**：ええ。親鸞の弟子の唯円がそう書いている。他力仏教というのは、そのぐらい素朴な大衆に向かって語っているんですよね。だから武士階級に好まれた禅とは違うようですが、結局、禅でも主客が状況のなかで渾然一体となっている、舟を漕ぐ人も舟も環境のなかで一体だと言うところをさらに抜けるのは、もはや自力によってではないと思うんです。いったん主客の両極が否定されて、個も全も否定されるかたちを経て、それらがもう一回結びつかないといけない。始まりもなく、終わりもないところだったら鳥はどんな風に飛んでもいい。魚はどんな風に泳いでもいい。そこで動こうが循環しようが、すべてが営まれてよいのだけれど、しかもそこからさらに突き抜けた無限に包摂されるところを語るのが宗教だ。おそらく他力というのは、どこまでもそこに重心を置いたものなんでしょうね。

## アニミズムとシャーマニズム

**清水**：奥野さんはアニミズムとは別にシャーマニズムについても言及していますが、実際にモンゴルに行ったりして、色々見てらっしゃいますよね。これは、ちょっと哲学では手が出しにくいところですね。例を出されてなるほどと思うくらいで。

**奥野**：岩田慶治は微妙な言い方をしていますよね。「アニミズムは禅に近く、シャーマニズムは浄土教に近いというと、もちろん反対者は多いだろう。しかしそれにもかかわらず、よくよく考えてみれば、やっぱりそうなのではないか*」。不思議な定義づけです。

**清水**：そうですね。するとシャーマニズムは浄土教に近いということですか。

**奥野**：ええ。そうではないかと岩田は言ってますね。やや不思議な言い回しで（笑）。

**清水**：なるほどシャーマニズムのほうが、往還がある……。禅はとにかく、主客相関の状況から脱したがっていますよね。「正当恁麼時」とか、「今」のシンクロニシティを強烈に打ち出して、それが自然そのものだし、世界を作っているのも自分そのもの

＊　本書第一章二九頁を参照のこと。

である、と。一としての自分の成立が、全体としての世界のポイエーシス（制作）でもあって、世界が私に示してくれるのもまさにそれである……。道元は「われを排列しおきて尽界（全世界）とせり」なんていう言い方もします。世界とのこうした端的な出逢いが、アニミズムにもあるんでしょうが、シャーマニズムはもっとこう、ぐるぐると回っているような……。

**奥野**：岩田が言っているのは、シャーマンが媒介者となるということではないかと思います。シャーマンが向こう側に行って帰ってくるというような、そういうイメージです。しかし、アニミズムというのは、シャーマンのような人が自由に往き来するというようなことではなくて、その人自身がアニミズム的な世界に浸るというようなことを言っているような気がしますね。まあ、はっきりしませんが……。

**清水**：確かにそうですね。銅鼓を叩いて、蛙を起こすと言っている時点で、もうアニミズムなんだけれども、それがシャーマンという特殊な人を介するというのと、親鸞とか真宗でいう法蔵菩薩とか、特殊な媒介者を通じて救済が語られるというのは構造として似ているのかも知れない。

**奥野**：ええ。日蓮なんかもやっぱりシャーマンなんですよね。鐘や太鼓を叩いて。モンゴルのシャーマンなんかでもそうです。私が最初に長期で調査したボルネオ島（インドネシア・西カリマンタン州）のカリスという焼畑農耕民でも、やっぱり銅鑼（どら）、つまりパーカッションを使うんです。銅鑼は、中国大陸と熱帯地方の森林産品との間の交易を介して、深くボルネオの奥地にまで入り込んで、貴重財あるいは威信財となっています。その銅鑼、つまりパーカッションを使ってトランス状態に入る。シャーマニックな実践でけっこう普遍的に行われています。言ってみれば、木魚を叩く、みたいな感覚です。ロドニー・ニーダムの「パーカッションとトランジション」（"Percussion and Transition"）*という有名な論文があります。音を出し、リズムを刻んで、それをずっと続けることでトランスに陥る。それは異界へ移行することなんだというのです。トランジションですね。この世からあの世への移行を徴（しるし）づけるのが、パーカッションだ、とその論文では言っています。これは非常に普遍的なことなのではないでしょうか。音のリズムが耳から入ってくることによって身体そのもののリズムが刻まれ、ある種の意識の変性状態に入った先に、何か視覚的ビジョンが見えてくる。その時点で、向こう側に行っているわけですね。ある意味では、この場所にいながら他の場所に行っているというアニミズム的世界でもあり、シャーマニズムというものはそれを意

* Needham, Rodney 1967 "Percussion and Transition," *Man* (N.S.) 2: 606-14.

識的・主体的にどのようにして達成するのかというような術であり、方法、メソッドなんじゃないかと思うんです。

**清水**：音楽とは少し違いますが、禅のほうでも表現することが大事なんですよね。「道得(どうとく)」といって言葉でも自分の境地を表現しますし、そのなかで滔々(とうとう)と山河を描いたり、世界を作って表現するわけです。そういうようなことを道元はずっとやっていた。歌うように描き続けているんですよ。『正法眼蔵』の「画餅」では、いわゆる画に描いた餅は食べえない、だから意味がないのか、ということが問われています。これに対し道元は、その画をどう描くかという話をひたすらしていますね。ただ外在的に餅という対象があってそれを食べる、というのではなく、対象は作るものなんです。だからアニミズムの世界に行ったらそれで終わりというのではなく、やはりそこで作ったり表現したりする必要がある。シャーマニズムにとってのそうした表現というのも、リズムのなかで、反復的に世界、異界を作っているのかもしれない。どちらかというと、禅のほうが視覚的かもしれませんね。シャーマニズムのほうが音楽的というか、時間的です。

**奥野**：そうですね。シャーマニズムには、トランスがベースにあります。意識の状態

ボルネオ島のカリスのシャーマン（balian）。*

を変えるということです。目の前に実際に見たり感じたりしているものとは違うものを見たり感じたりする。そうした変容意識を獲得することが土台にある。そのためにドラッグを用いることもあります。カリスのシャーマンは、布を被ってそのなかでお香を焚くのですが、それは嗅覚から意識を変容させているわけです。カリスが使うもう一つのトランスの手段は、ブランコです。ブランコというのはシャーマニズムの古い道具立てだと言われていますが、カリスのシャーマンは、部屋のなかで依り代を立てて、その横にブランコを作って、儀礼を行います。

* ブランコに乗って揺れ揺れ続け、歌を歌いながら変性意識状態に入って精霊と交渉する。撮影：奥野克巳（一九九四年）。

**清水**：そこで、入神状態になるんですか。

**奥野**：そうです。ブランコを漕ぎながら、その横でだらだらと霊の名を呼びながら歌のようなものを歌って、しだいにトランスに入っていくということをやっています。

**清水**：いかにも循環という感じですね。神社で綱を引いて揺さぶって鈴を鳴らしたりするところにもやはり循環がある、と岩田慶治も述べていて、なるほどと思いましたね。いろんな瞬間にそういうものを感じるツボみたいなものがある。

**奥野**：繰り返すこと。反復することですね。

## シンクロニシティとアニミズム

**清水**：奥野さんは非因果的連関、つまりシンクロニシティの問題についても書かれていますよね。シンクロニシティについては、本当は私も考えてみたかったんです。

**奥野**：これは私もまだ煮え切らないのです。これは考えなくてはと思ったんですが、なかなか……。

**清水**：これは確かに難しいですよね。結局、シンクロニシティというのは《無始無終》の問題であって、《今》というものが幾つも並存的にある状況というものがどのようなものかを根本的に考えなければならない。哲学的には、西田幾多郎が「永遠の今の自己限定が……」なんて言ったりしますが、それを感じられるというのは、どういうことなのか。それはある種不合理なものでもあって、始まりがこちらにあって結果に繋がったというわけではなく、同じ《今》というかたちで、ふたつのことがいわば吸い寄せられる。そこに世界の全体構造を直観する意味づけを積極的に見出そうとするというのは、さっきの不合理な罪をあえて負う、というのとも似ていると思う。鎌倉時代の華厳密教の僧、明恵上人の『夢記』を読むと、シンクロニシティ現象がたくさん書かれていますね。

**奥野**：岩田もどうやらそのあたりに踏み込んでいて、アニミズムのシンクロニシティを、私はユングが言っていることから接近してみようと思ったんです。ユング派の心理学者で臨床心理家でもある河合隼雄が、子供が登校拒否になるということとほぼ同時に、父親の会社もうまくいかなくなったという家庭の事例を紹介しています。それまでは順調だったのに、子供が学校に行かなくなったら、急に父親の会社も傾いてきて、母親も体調を崩したり、怪我をしたりする。カウンセリングしていると、こういうことがよく起こるらしいのです。河合隼雄は、そのことを、ユングのインディビ

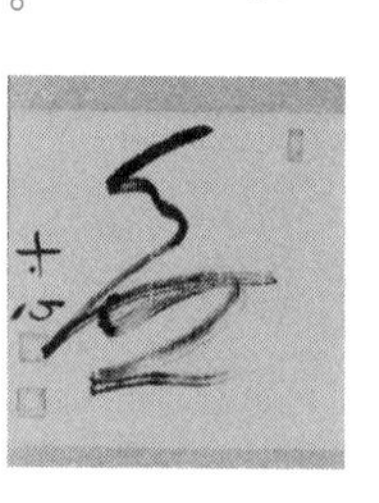

西田幾多郎による揮毫「無」。
石川県西田幾多郎記念哲学館蔵

デュエーション（個性化）やセルフ・リアライゼーション（自己実現）という概念を使って説明しています。人生のなかで禍々しい出来事が一気に、同時に起きることが多いというのです。それも「同時性」なんです。子供の登校拒否と同時にいろんな悪いことが、同時に一気に出てくる。これを「シンクロニシティ」だと呼んでいます。そして、そうした事例は一般的には否定的なものとして、災いは連鎖するという風に捉えられるんだけれども、実はそんなことではないのだというんです。同時性は、自己実現をしていくための、非常にポジティブなものなんだというわけです。そのようにひっくり返して捉えたときに、自己実現という大きな流れのなかに位置づけられうる。河合隼雄はユングを経由して、臨床心理の現場で語られるバラバラな出来事の連鎖の危機の事例からシンクロニシティを説明している。

**清水**：普通に考えたら、子供の登校拒否は、親の会社がまずくなったから、たとえば進学は無理かなと子供が感じ、勉強もしなくなった、という風に原因と結果が繋がったと思うところだけれども、そのように考えてはいけない、というわけですね。

**奥野**：その通りです。因果関係のロジックで捉えるのではなくて、別の軸を持ち込んで、人生において克服されるべき試練が与えられているんだと考える。困難の克服を、自分で発見することで自己実現に向かっていくというわけです。

**清水**：苦境にあって、ただ状況からの作用を受けるというのではなく、むしろそれを試練と捉えることで、主体的になっていく。《今》の並存、シンクロニシティを見出すことは、また《私》を見出すことでもあると。

**奥野**：われわれは近代的自我を抱えているんだけれども、もっと広い自己を発見していく契機になるとも言います。その同時性というところから考えるならば、つまり因果ではなく、ユングが言うような「非因果的連関」あるいは「意味のある偶然の一致」として考えていくことが、アニミズムとどう交わってくるのか。それは岩田が言っている同時性と同じことなのかどうか。擦り合せていくと面白いかもしれませんが、他方でなかなか大変なのかもしれません……。

**清水**：岩田の場合は、相当に長いスパンの《今》も語っていて、それらをみな同時性と呼んでいますね。主客の作用が絡み合う、複雑な循環のその全体が同時性だという考え方もあると思うんです。たとえば、ウィリアム・ジェイムスの純粋経験論を、西田幾多郎はそういうふうに読んでいる。ジェイムスの場合だと、過去の経験が未来の経験にうまく連接したときに、その後続の経験が予期されていた対象であり、過去の経験は予期していた主体になる、ということをいいますが、西田の場合は、名人がピアノを弾いていて鍵盤の上を指がなめらかに滑っていく、注意がそこに集中している期間のまるまる全体が、《今》だという言い方をしている。《今》は主客の相互作用の循環を含んでいるというのです。京都学派のなかで育った岩田慶治が、直接どこまで西田を読んだかは分からないけれども、非常に符合していると思います。たとえば、京都から東京まで新幹線に乗った、その長い間隔が《今》だ、とか、木が生まれたところで育って死んでいくとか、彼はそういう例を語りますが、全部シンクロニシティなんです。もっといえば、蛙を結節点とする天と地と雨の関係だってそうです。そこで皆で音を鳴らして、ということもシンクロニシティ現象を引きつけているということですね。

そのユングの話を聞いていても思うんですが、過去の現象に物事の原因があると日頃私たちが思いすぎていることも確かですよね。たとえば志望大学に入れなかったのは経済的に貧しくて塾に行けなかったからだ、とか。でも、そうでない場合も実はたくさんある。さまざまな身心の失調が起きるのも、他から何かをされたからではないこともあるし。因果関係を辿っていっても、どこかに切れ目がある。そういうところに気づかせてくれるのが実はシンクロニシティの働きであり、それが《私》というものの成立に重要な役割を果たすというのも道理ですね。

## 柳田国男のアニミズム体験

**清水**：そういえば小林秀雄が最晩年に、結局完成しないままで終わった原稿があるんですよ。それは、フロイトとユングがシンクロニシティについての論争をしていたときのことを扱ったものです。彼らが議論しているときに、突然、大きな音が原因もなく鳴るんですよね。ユングがその時「これがシンクロニシティだ」と言った、という逸話が書かれていて、そのまま未完で終わっている。そこには若い頃論争した正宗白鳥や、フロイト、ユングのことが書かれてあって、小林にとっては解き得ない問題としてあったようですね。

**奥野**：結局、小林はフロイトとユングについては書かなかったんですね。ベルクソンについては、『感想』*のなかに書いていますね。

**清水**：ベルクソンについても書くには書いたんですが、自分でボツにしていますね。

* 小林秀雄 二〇一五、二〇一六『小林秀

自分の作品として小林は認めなかった。小林秀雄とベルクソンだと、どうも逆なところがあると思うんです。ベルクソンは『道徳と宗教の二源泉』などを読んでも分かるように、未来へ未来へと目が向いている。主体的で能動的なんです。けれども小林秀雄は、「生きている人間とは、人間になりつつある一種の動物である」、という有名な言葉を残しているように、過去へ過去へと向かう人なんですよね。そこがかなり違う。最終的に小林は本居宣長に傾倒し、「もののあはれ」を知るとか、むしろ、無力さのほうを重視する方向に行く。そこで語られるのは情念という主題です。情念の世界というのは、小林秀雄や、あるいは彼が若い頃から耽読したアランにいわせると、まさに主体があるから対象があるという世界なんですよね。

アランの『幸福論』にはブケファロスという、アレクサンダー大王の愛馬の逸話が出てきます。これはもともととんでもない暴れ馬だったんですが、どうして暴れているかというと、自分の影を見て暴れているんですね。激しく暴れる自分の動く影を見て、興奮してさらに暴れている。そこで、馬の鼻先を太陽に向けたら影が見えなくなって、大人しくなったという。もちろんこれはアレクサンダーの東方遠征を象徴した寓意でもあるんですが、アランは地面という対象に投影された自分の影に興奮する

雄全作品集』別巻1感想（上）、別巻2感想（下）、新潮社。

ように、情念とは対象に投影されることで増幅するのだ、ということの例として挙げています。文学も、仏教もともにこうした情念の問題を深く洞察してきたと思うんです。『大乗についての二十詩句篇』でナーガールジュナも、「絵師が夜叉のいとも恐ろしい姿を自分で描いておきながら、自分でそれを見ておそれおののくように、賢者ならざる人は、輪廻においてそのようにおののく」と述べていますね。

先に話題にのぼった十二支縁起の「還滅門」というのもまた、情念を巡っての洞察ですね。情念というものが消えるときには、「〜がないから〜がない」というかたちで枯れていく。あるいは、因果的なものの切れ目が不合理なかたちで垣間見える。そういうことが非常に大事なんです。情念はやがて過去のものになって滅んでいくんだけれど、そこにテトラレンマ的な永遠もある。「もののあはれを知る」とか、宣長もある意味で人間の無力さに価値を置いた美意識を持っていますが、文芸の方面でも、無常観というとありきたりのようですが、実は仏教がやったのと同じ方向へと深く沈潜していった流れがあったと思うんですよ。小林は紛れもないその継承者ですね。それともう一つ、直接仏教からインスパイアされている流れもあって、それが岩田慶治も含めた京都学派の流れ。岩田のアニミズム論への注目という点でも、私と奥野さんの考察は、共通しているところがありますね。ほらあの吹き矢の話……。

**奥野**：プナンの話ですね。

**清水**：吹き矢をふっと吹いたら、鳥がポトンと落ちる。投げ矢を投げたりするのも、投げた瞬間に同時に当たっているんじゃないかとか。あるいは「クラゲを見たけれども、透明なクラゲのなかには魂なんて何もない。クラゲの魂は外にあるんじゃないか」とか。一連の岩田慶治の譬喩には特徴があって、いずれも内と外の話、近い環界（図）とより大きな環界（地）の話、つまりは《無始無終》の話ですね。この《無始無終》の世界で動き回っているのなら、もはやそれでいい。岩田は「魂とは無心の別名ではないか」とも語っていますが、無心の忘我の境にいるというときには環境世界とも一体だし、そこからすこっと抜けたところで世界全体との出逢いもあるし、《私》の魂もそこにある。宗教的な祭礼とはこういうものだと。アニミズムが強烈に啓示されるそれらの瞬間も、それぞれ哲学的に深く洞察されるべきだと思うんです。

あるいは夫が仕事で着ている衣服を、その妻が年の終わりに疲れた夫を労るために着て、踊りながら入神状態に入るという魂振の儀式のようなもの。ああしたものはどういう意味を持っているのだろう——猟師の妻はこのとき空に向けて鉄砲を撃ったりするとと岩田はいうのですが、こんなものも無心を経由して、新たな魂が、もう一回宿るわけですよね。天皇霊を身につける魂振(たまふり)の儀式として天皇が行う、大嘗祭だっておそらくそうしたものでしょう。能だってまさにその演劇版ではないですか。在原業平の妻がシテとして出てくる「井筒」なども、業平の装束を着たシテが、無心に舞うわけですが、それは業平のあらたな《魂》を宿して舞うということでもある。こういう場では衣服や装束が大事だったりしますが、これも毛皮が却って生きものの本質であるという話と非常に近い。全部、根底にあるのはアニミズムであり、その思想です。プナンの吹き矢の話は、実は私も書きたいと思っていたんですが、これでさっきの稲作の話もすごく腑に落ちたんです。

**奥野**：なるほど。

**清水**：近年話題になった『サピエンス全史』[*]では、ユヴァル・ノア・ハラリが人類は稲や麦などの穀物によって寄生されてその奴隷になったとすら書いていました。確かに言われてみると、穀物に人生を食べられているという感じがある。天皇が日本を統治するときも、象徴的に各地の産物を食べる「食(お)す」ということが言われますよね。先ほどの宮沢賢治の物語でも、動物が自分から自分を捧げてくれるという話が

* ハラリ、ユヴァル・ノア 二〇一六『サピエンス全史 文明の構造と人類の幸福』上下、柴田裕之訳、河出書房新社。

あった。以前はあまり気づかなかったんですが、たとえば柳田国男の『山の人生』[*]のなかに、炭焼きの男の話が出てきます。この貧しい炭焼きの男には、子供が二人いる。あまりに貧しいのでどうしても食わしていけなくなると、子供たちのほうから斧を持ってきて、「これでわしたちを殺してくれ」という。その炭焼きもなぜだかわからないまま、頭がくらくらしたようになって、子供たちの首をバーンとはねてしまった。男は自殺も考えたが自分では死に切れず、刑務所に入ったというんですね。これも、柳田は動物の自己犠牲の話と繋がっているものとして、感じていたのではないかなあと思うんです。一見関係ないようで、実はアニミズムの文脈から読めるところが、柳田国男にもいっぱいありますよね。

**奥野**：ええ。そうですね。その炭焼きの話は『故郷七十年』[**]にも入っていますよね。何度か、柳田国男はその話を書いている。おそらく、ずっと考えていたのでしょう。そういえば、小林秀雄も、柳田について講演で語っていましたね。

**清水**：蝋石とヒヨドリの話ですよね。あれもまさに、アニミズム的な世界の啓示の話ですよね。

**奥野**：そうです。柳田が幼少の頃、旧家で過ごしていたときに、土蔵の前の庭に祠が

* 柳田國男 二〇一三『山の人生』角川ソフィア文庫。

** 柳田國男 二〇一六『故郷七十年』講談社学術文庫。

あった。その祠は亡くなったおばあさんを祀ってあるという。子供心に、祠のなかが見たくて仕方がなく、それを開けると蝋石があったという。

**清水**：その蝋石はおばあさんが生きていた頃、腰が痛くてその石でいつもさすっていたものだった。それを見たときに何故か宇宙が見えた、みたいなことを言っていますね。

**奥野**：ええ。星空が見えたんですね。昼間なのに星空が見えた。そこに行きそうになったところで、ヒヨドリが鳴いたため、戻ってこられた。そういう話ですね。これも、おっしゃる通り、アニミズムですね。

**清水**：禅でも庭を箒で掃いていて、弾いた小石が竹林に当たった音を聴いて、その瞬間大悟したというような話がよくありますが、柳田の場合は《戻ってきた》という感じですね。

**奥野**：柳田はそもそも神隠しにあうような子供だったとも、語っていますよね。

## 岩田慶治と今西錦司──京都学派の系譜

**清水**：奥野さんが引用されている、芭蕉の蛙と波紋の話ですが、これもいい譬喩ですね。時間が止まって、空間が現れて、その空間には穴があり、そこに時が染み込んでいく。これはすごいですね。時が染み込むというのは、循環するということです。シンクロニシティがありつつ、循環があるということ。これらが交錯している世界がある。そして、こうした日常的な出来事もすべて、やがて第四レンマの世界に変じていくと私は思っています。

**奥野**：どんどん変わっていくわけですね。変身していく。

**清水**：ええ。変身している。波紋の輪が拡がるにつれてシンクロニシティも増殖し、他のものにも変成していく。よく、岩田は木と同じ時間をわけもっているとか、ボルネオのムルット族はもっとも根源的な時のことを、「へその緒を共有する者の時」というとか言いますね。これらのシンクロニシティは、非因果的なものですから、一つ一つの出来事は「おのずからそうなる」。たとえば木にぶら下がって、木と同じ存在を共有するというとき、そんな風に「おのずから、なるべくしてなる」と彼は言うんですが、このとき念頭にあるのは、おそらく今西錦司だと思うんです。進化というものを外因に帰さないで、種の内部で起こるシンクロニシティとして捉えたのが、今西錦司だと思うんですよ。猿は「立つべくして立つ」と彼は言った。シンクロニシティのなかで、直立した猿と直立した猿が出会う、馬と馬が出会う、それが種の誕生であり、進化であると。個体を超えたもっと大きな持続があって、それが種の「文化」なんだという主張を今西はしています。生物はみな、おのおの「文化」を持っていて、それがおのずと変わるだけなんだ、とも語っている。永遠のスタンダードとしてゴキブリでも生存できるかもしれないけれども、ただ変わる。そして、シンクロニシティの形の変化だけが起き、別々になった種と種のあいだでは棲み分けが行われる、というのが今西錦司の基本的な思考ですね。

今西錦司と経済学者のフリードリヒ・ハイエクが、かつて対談したことがありましたね。ハイエクはある文化集団が優れた社会構造を持っていると、劣った社会構造の文化集団は競争で淘汰されていくという考えでしたが、これに対し「文化」というのは淘汰を働かせるまでもなく、自然に変わるというのが、今西錦司の説でした。

**奥野**：変わるべくして変わる、というやつですね。そもそも、ハイエクとの議論って全く噛み合っていないんですよね（笑）。

**清水**：ええ、全然噛み合っていない（笑）。強烈な言い方をしているんだけども、お互いまったく噛み合ってないんですよ。

**奥野**：今西錦司と岩田慶治は、いわゆる京都学派ですよね。

**清水**：そうですね。今西の研究会にも出ていて、繋がりはあったようです。西田幾多郎もそれほど読んでいないと彼は謙遜していますが、京都学派の流れで、間接的につながっているんじゃないかと思う。『実在への殺到』という本を私が出したあとで、あるとき中沢新一さんから電話を頂いたことがあって、そのとき岩田慶治の話をちょっとしたんです。中沢さんは「岩田慶治さんはね、やっぱり京都学派だから、西田とかは無意識にあるんだよ」とおっしゃっていた。その無意識というのは、おそらく私たちが普段使う意味ではなくて、中沢さんがこれまで色んな表現で言語化を試みていた、ちょっと特殊な《無意識》だと思うんですよね。それこそ個体を超えた、種としての京都学派の《無意識》みたいなもの。

## 岩田慶治の現代性

――仏教の話と並んで、人類学者の岩田慶治の研究・思想について、奥野さんも清水さんも共通して言及されています。戦後のあの時代に、なぜ岩田慶治はアニミズムを再評価したのか。あるいは、なぜ、アニミズムを自分の思想の主軸にしていたのか。そして、二一世紀の今日を生きるわれわれは、まさに「今日のアニミズム」というものを考える際に、岩田慶治の遺産をどのように受け取るべきなのでしょうか。

**清水**：岩田慶治が生きていた時代であれば、京都学派の学問があって、それと岩田の研究や思想を結びつけるということはまだわかったのかもしれない。けれども、今日、人類学の人が岩田を読んで、背後に西田哲学のこんな構造があるという風に考えられるかどうか。非常にわかりにくいと思います。現代性ということで言うならば、岩田慶治はすでに明らかに現在の思想で語られるような、モノのエージェンシーということを中心に語っている。岩田は地理学から人類学にいきますよね。これはラトゥールが社会学について言及していることともつながるんですが、それまでの地理学のように、あらかじめ何らかの地理的な囲いがあって、そのなかに人間を放り込んでいくというような概念では駄目だということに、彼は早くから気がついたようなんです。それで人類学へと転じ、集団の形成とその媒体となるモノに注目した。

たとえば、ボルネオのイバン族は臼と杵を使って毎朝米をついて精米する。実は、その臼は底に仕掛けがあって楽器にもなっていて、その音を聴くことが彼らにとっては生活における求心力になっていて、稲魂(いなだま)もその音を喜び、雲や雨水になって田に戻ってくるとされているという。米を食っているんだか、米に食われているんだか分からないという話をしましたが、そうした始まりも終わりもない世界はまた、循環の世界でもあって、それを媒介しているのが精米の音なわけです。そこに人々とその暮らしもある。このような媒体の働きは、ストラザーンやラトゥールのような、現代の人類学者たちが着眼しているものでもあって、その意味でもとても先駆的だと思うんです。

そして、それは哲学的にも新しいんです。さまざまな二項対立を超えるヒントが豊かに隠されているからです。この点をはっきりさせないと、岩田慶治の仕事の意味は皆目分からない。また、彼の書くものの書き方にも特徴がある。私の敬愛するミシェル・セールもまさにそうなんですが、一見さりげない随想として書いてあって、普通だったら気にも留めないようなところに、恐ろしいほど鋭い洞察があるんですよ。そういうものを採り上げて深い、深いと騒ぎ立てて読むのが私は好きな人間なので、その意味でも岩田慶治に注目してしまうんですね（笑）。

**奥野**：私の場合、そもそも岩田慶治とは、ボルネオ島という同じフィールド地で研究をしています。ですから、最初はその地域研究者の研究として読み始めました。とりわけ、ボルネオ島のマレーシア側であるサラクワについてです。しかし、最近は、人類学の存在論的転回の脈絡のなかで、エドゥアルド・ヴィヴェイロス・デ・カストロやフィリップ・デスコラという人類学者が登場し、アニミズムの再評価・再検討が行われてきている。そうしたものと比べても、岩田は別格だなと思ったんです。

最近、エドワード・B・タイラーの『原始文化』の翻訳*が上下巻で刊行されました。非常に面白い本で、そもそもタイラーは宗教の文化進化論を唱えたとこれまで説明されてきたんですが、読んでいくとわかりますが、実はそうではないんです。宗教の文

＊　タイラー、エドワード・B．二〇一九『原始文化』上下、松村一男監修、奥山倫明＋奥山史亮＋長谷千代子＋堀雅彦訳、国書刊行会。

化進化論とは、アニミズムが宗教の原初形態であり、それが多神教になり、一神教になって進化していったということですね。しかし、まず前提として、一九世紀後半には宗教そのものがない民族がたくさんあると西洋社会で一般的に言われていたんです。ところがタイラーは『原始文化』のなかで、宗教はどの民族にも存在するんだと主張しているんです。その際、宗教をどう定義するかというと、あらゆるものに霊魂が宿ることをアニミズムと名付け、このアニミズムを出発点にして考えようとしたわけです。タイラーの主張は、宗教は人類に普遍的なものだと考えていきたかったということなんですね。ですから、文化の進化を語る研究者として流布したタイラー像とは、印象が随分違う。

また、面白いことに本書では、アニミズムの前身として、デモクリトスが紹介されています。デモクリトスは魂のようなものがあってそれが放出されていると考えていた。これによって、人間は事物を意識することができるというんですね。そして、タイラーはこのデモクリトスの魂論が、プラトンのイデア論に繋がっていったと書いています。イデア論とは、西洋形而上学の流れの出発点にあるものです。西洋哲学の源泉ですね。それが実は、デモクリトスを介して、アニミズムから流れてきたんだとタイラーは言っているわけです。

**清水**：デモクリトスのアトミズム自体、もっと古くはインドにあった、とも言いますよね。結構往来があったようなんです。

**奥野**：そうでしたか。ともかく、アニミズムはデモクリトスを経由して、イデア論につながっていた。つまり、アニミズムというのが西洋形而上学の出発点に接続されているんだと、タイラーは言うわけです。そういった議論が人類学におけるアニミズム論の最初にあったのだと言って間違いないでしょう。タイラーの『原始文化』が書かれたのが、一八七一年ですから、ちょうど、一五〇年前ということになります。この一五〇年間、様々な経緯があったのでしょうけれども、やはり人類学ではアニミズムというと、まずタイラーの名前が上がりますね。

では、タイラー以後、アニミズムの研究はどうなったのか。結論から言うと、二〇世紀の後半に文化進化の考えが否定されることで、アニミズムそのものへの言及も少なくなっていったんです。レヴィ＝ストロースが、一九六一年に行った講義「今日のトーテミスムおよび野生の思考」をもとにして、翌年の一九六二年に『今日のトーテミスム』を刊行し、そのなかでトーテミズムが幻想であると批判した。[*] ちょうど、今

＊ レヴィ＝ストロース、クロード　二〇〇〇『今日のトーテミズム』仲沢紀雄訳、みすず書房。

から六〇年くらい前ですね。それ以来、トーテミズムやアニミズムといったものは、人類学では研究の対象にされなくなっていった。それに対して、出てきたのが、レヴィ＝ストロースの弟子の世代に当たる、ヴィヴェイロス・デ・カストロやデスコラたちです。彼らが登場するまで、アニミズム研究はほぼ死に絶えていた。

デスコラはアニミズム、トーテミズム、アナロジズム、ナチュラリズムという四つの様式を出して、四象限の図式で整理していますね。最初の論文は九六年で、このときまでは三つでしたが、二〇〇六年には現在のような四つの図式で分析しています。そのため、だいたい九〇年代あたりから徐々にアニミズムの議論が盛んになってくるわけです。まあ、デスコラとヴィヴェイロス・デ・カストロの論争もあって、そこで大きく注目された面も少なからずあるんでしょうけれども。

他方で、日本には岩田慶治がいた。彼は、アニミズムという言葉を使って、非常に多くの本を書いている。そうした伝統は十分に継承されて来ておらず、人類学における日本のアニミズム論は、現在ではかなり停滞してしまっているところがありますね。

ではデスコラとヴィヴェイロス・デ・カストロはアニミズムをどう扱っているのかというと、ヴィヴェイロス・デ・カストロによるデスコラへの批判は、結局、デスコラはタイラーの投影図式なんじゃないかというのです。人間が持っている性質を、個物にも当てはめてしまう。そういう認識の型から逃れられていないというんですね。一方、ヴィヴェイロス・デ・カストロは独自のパースペクティヴィズムに行ってしまっている。

そう考えると、もしかしたら、アニミズムを真正面から論じたのは、タイラー以降岩田以外にいなかったのではないかと言えるのではないかとも思います。そんななかで私が注目するのが、ティム・インゴルドなんです。彼は、シベリア・ユカギールのアニミズム世界を描いた『ソウル・ハンターズ』[*]の著者レーン・ウィラースレフの先生にあたる人物で、人類学的な現象学の手法でアニミズムをもう一度、取り上げました。

**清水**：インゴルドは、私も好きなんですよ。岩田的なところもたくさんあると思っているんです。凧を引く人と凧そのものがあって、それらがしばらく引き合っていると、第三項的な媒質である大気に乗って安定する、といったことに彼は着目しますよね。これは主客の作用の循環や拮抗から、もうひとつ奥の環界へと抜けるという話です。土器を作るときにも、土をこねる人と土があるだけでなく、ろくろという安定し

＊ ウィラースレフ、レーン 二〇一八『ソウル・ハンターズ シベリア・ユカギールのアニミズムの人類学』奥野克巳・近藤祉秋・古川不可知訳、亜紀書房。

た第三項的なものがないといけないというようなことにも着目する。直接アニミズムの話をしていない場合でも、インゴルドと岩田の着眼点はとても近い。

**奥野**：ええ、そうなんです。近いんですよ。

**清水**：デスコラにしても、四象限の図式自体が「図式的」だとか「概念的」だとか批判されるかもしれませんが、二項対立の「組み合わせ方」をあえてひっくり返してくるところが本質的なんですよね。一と多、主体と対象、あるいは項と関係ということも言いますが、それらを組み合わせてアニミズム、西洋的なナチュラリズム、またトーテミズムやアナロジズムといった形態が出てくるとしたところが特徴的ですね。二項性を組み合わせるほどに、複雑な吟味が可能になる。レヴィ＝ストロースが北米の先住民の神話や文化のうちに見出したのも、二項対立を複雑に組み合わせながら調停していこうとする思考です。そういうやり方を人類は、さまざまに模索してきているんですよね。

**奥野**：清水さんが訳されたミシェル・セールの『作家、学者、哲学者は世界を旅する』[*]では、デスコラの四象限の図式を引き受けながら、ヨーロッパの文学や西洋文化を論じていきますね。これはとても迫力のある哲学の仕事ですね。。こうしたアニミ

＊ セール、ミシェル 二〇一六『作家、学者、哲学者は世界を旅する』清水高志訳、水声社。

ズムの議論を引き受けてさらに展開した仕事は、人類学にはほぼ出てきていない。

**清水**：デスコラは少し類型に振り分けるところもあるんですが、セールが行っているのは、むしろ学者でも作家でも、創造的な人物は、アニミズムやナチュラリズム、アナロジズムの重なったところにいるということを西欧の人物や文化に即して分析することですね。主体が対象を作り、対象もある意味で主体を作る。一と多もお互いを作るのであれば、それらの組み合わせであるアニミズムやナチュラリズムという文化の各層も、創造の本当の現場では混淆しているはずなんです。岩田だって、ただ単にアニミズムだけではなく、ナチュラリストであるフンボルトにもずっと傾倒している。折口信夫だって、アナロジストだしアニミストだ。南方熊楠などはほとんど全部混じっています。むしろ混じっているからこそ、創造的なんです。バイナリーの組み替えで、文化がいろんな層を見せるということは、大事なことですね。インディオが気づいていることも、仏教が考えていることもまさにそれで、Aと非Aというものが対をなしており、そうしたものが組み合わさって幾重にも重なっているのが世界だ、というのが真実だと思うんです。そうした次元から文化現象を読んでいかないと分からないことがいっぱいあるんじゃないでしょうか。

**奥野：**岩田は地理学から出発して、フィールドワークに出かける際に『正法眼蔵』を持っていたそうですね。『正法眼蔵』を傍らに置きながら、アニミズムを思考していた。その深度というのがすごい。日本人がアニミズムを考える際に、いちばん近くに、最もよい先生がいるイメージですね。ただ、松岡正剛が『岩田慶治著作集』について言っているんですが、「実はどれも似たようなことが書いてある」*（笑）。

**清水：**私は、最晩年の『木が人になり、人が木になる。』ばかり繰り返し読んでいますね。これは毎年のように読み返しています。ミシェル・セールの著作もそうなんですが、細部に全体が宿っていて、始まりも終わりもなく、ぐるぐる回っているような感じです。《原風景》は近景（近い環界）と遠景（より大きな環界）が溶け合うところにあるとか、《余白》の話とか、すごく面白い。岩田は謎めいた図を書くのも好きですね。水墨画風の、柿が三つ描かれた図が出てくるんですが、この図の余白は何だと言ったら、普通その画の白い部分だと思うじゃないですか（笑）。柿を画から切り抜くと、そこにぽかっと穴が開くんだけど、その切り抜いた部分以外は全部余白で、白い部分はそこに含まれちゃっているというんです。

最初は誰でも平面で、柿とその横の空間を二項的に捉えた片側が余白だと思ってし

＊『松岡正剛の千夜千冊』HP内、「岩田慶治　草木中魚の人類学」の記事を参照のこと（https://1000ya.isis.ne.jp/0757.html 最終確認日：二〇二一年九月六日）。

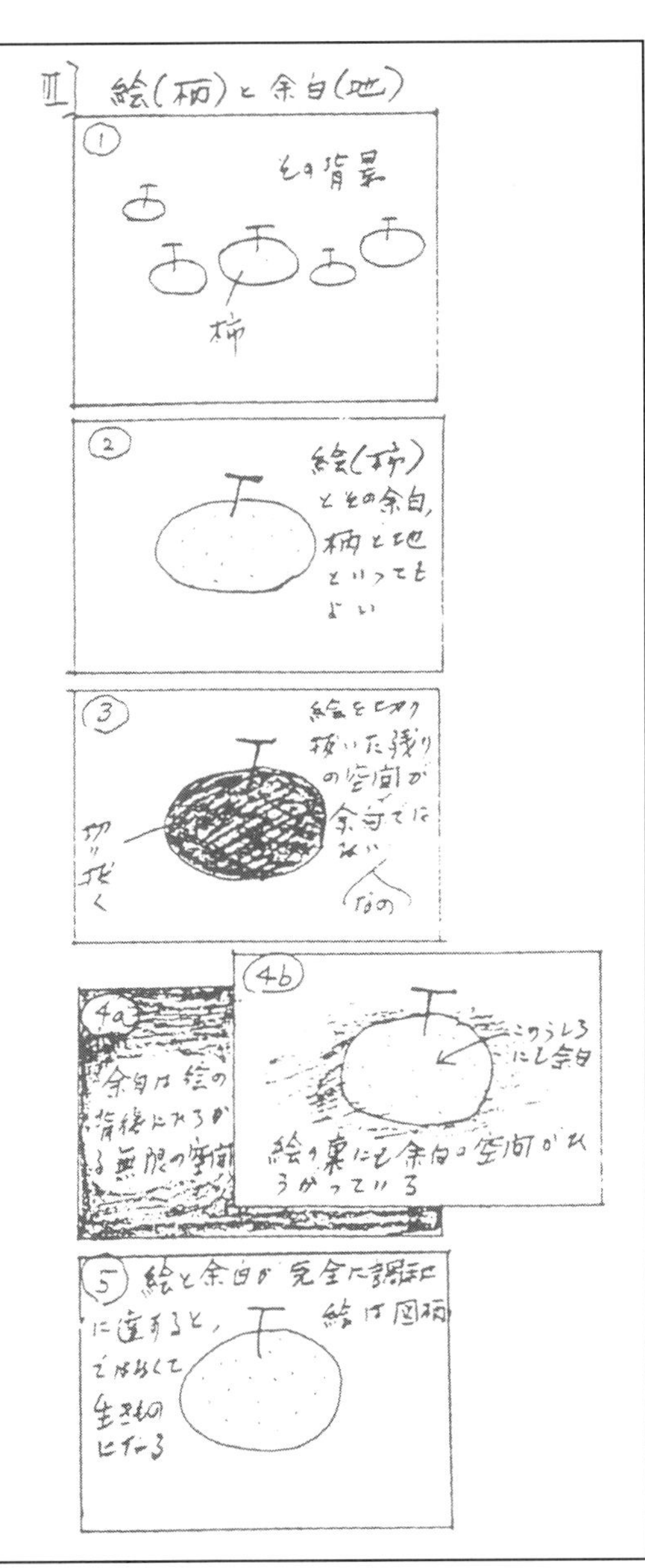


岩田慶治二〇〇五『木が人になり、人が木になる アニミズムと今日』人文書館 所収、岩田本人による柿の図。同書一〇六頁より。

まうんですが、実はそれを包摂している三次元の空間があって、そこにも柿ではない部分、つまり余白がある。全部、連続しているというんですよね。これは面白い例だなと。二次元と三次元の話は禅でもよく語ります。「竹影階（ちくえいかい）を掃（は）らって塵動（ちりどう）ぜず」とかね。階段の上で竹の影が動くけれども、小さい塵は微動だにしない。竹の影は二次元ですが、塵は、三次元の世界に突き抜けているからです。《無始無終》ということが言われるためには、一次元から二次元、二次元から三次元へと、ボトムアップで考えてはならない。それはアトミズム的思考なんですね。むしろ我々が経験している世界はまず全体としてあって、それを切り取って解釈しているのが、われわれが通常知ってる世界なんだということに気づかねばならない。動かない塵のようでなければならない。有限の立体のなかに無限の面があるように、柿の画の余白もただの平面的な「非－柿」ではなくて、実は三次元方向に無限に連続している。しかもそれらは端的に経験される。そういうことが大事なんですよ。こうしたことは、ライプニッツだと数学的に語ったりします。有限のなかの無限とか、代数的操作としての数学とか、また逆に連続体をいかに合成するかが彼にとっては重要なのですが、モナドロジーの考えもまた、アトミズムを裏返すものとしてのそういう発想と深く結びついたものです。

## アニミズムを「本物の宗教」にしなければならない

——先ほど、タイラーの『原始文化』の話で、未開と言われる社会には宗教はないと一般で言われているところを否定して、アニミズムこそ未開の宗教というか、すべての文化に遍在する宗教なんだというようなことをおっしゃっていたと思います。この対談の前半で、清水さんから「本物の宗教はアニミズム」だという発言がありましたが、これはどういうことなのでしょうか。宗教の核心を得るものはアニミズムではないか、ということなんでしょうか。

**清水**：アニミズムを核としたものを、「本物の宗教」にしていかないといけない。先にも触れたように、それが折口信夫以来の課題だと思っています。あるいはもっと以前から、日本人は実際にはそうした動機で、芸術を作ったり文学を作ったりしてきたんじゃないか。それが日本文化だったんじゃないか。そういうところまで含めて考えないと、さまざまな他の文化だけでなく、文明としての日本がもはや分からなくなってしまう。アニミズムはさまざまな宗教、アート、文芸、芸能の核であり、今日もなおそれらの「種（たね）」である。伝統的には仏教的なエコロジーというか、生態系のようなものが絢爛と思い描かれてきたわけですが、アニミズムという核まで遡行することで、そうしたものも今後まったく新しい表現を得るかも知れない。人間が自然と出逢ったり、響きあったりするための感受性が、今日非常に衰弱している。「アニミズムを本物の宗教にしていく」ということは、芸術や、ポリティカルな態度や、倫理や、そうしたものをすべて刷新することでもあると思うんです。

**奥野：**タイラーが考えたのは、霊とか魂とかカミといったものは、私たちが感得する感受性からは決して離れてないし、それは宗教がないとされる社会にも深く根づいているはずだということだったのだと思います。今、清水さんがおっしゃったように人間と自然との関係でいうならば、この対談では熊の話も出ましたが、中沢新一さんが言うには、精度の高い武器ができたならば、人間は熊を遠くから撃つことができる。火器がまだなかった時代には、人は熊とは非常に近い距離で対峙しなければならなかった。そのためには、まず熊がどういう存在なのか綿密に観察して知っておかなければならなかった。熊はどういう動き方をして、どういう吠え方をするのか、眠るといびきをかくのかとか、より具体的に実感する距離まで近づいて知っておく必要があった。そういう距離を取ることで、人は熊について知り、そのことが人間の持つ感受性にも繋がっていたわけです。そのような距離感だと、熊が人に語りかけてきたりするのです。熊が実際に喋ったり、夢に出てきて何かを語ったりということが起きても不自然でも何でもない世界だった。

宮沢賢治の「なめとこ山の熊」では、熊の親子が山を眺めながら会話をしているのを、小十郎が見聞きしている。熊の親子の会話を聞いて、胸がいっぱいになるということを、賢治は小十郎に語らせているんです。熊なんかは非常に獰猛で、人間に向かってくることもある動物ですが、人間と熊を主体と対象というかたちで切り分けてこっちとあっちにに置くのではなく、相互に近距離でかかわりあうようなあり方を、本物の宗教あるいは本当の宗教のあり方として考えてみてはどうか。清水さんが述べられた、アニミズムは本物の宗教だというのを、私はそのように考えています。

夢のなかに出てきたり、話し声を聞いたりして、もし熊が欲しているなら、自分ももう鉄砲も撃てないほど弱ってきたし、身を捧げてもいいやと思えたりするような距離感。そのような距離感が根幹にあるような世界というのは、確かに失われてきている。アニミズムは、このような人間と動物の距離、あるいは動物に限定せずに、人間とモノの距離感を改めて再考するように私たちに求めているのだとも言えます。

たとえば私たちにとって石との関係は、資本主義のなかで商品価値のあるもの以外は捨てておくような関係だけではないわけです。いろんな形をしていて、なんだかその不思議さを感じる。そんな石を集めたりする。その感覚は岩田が言っているようなこととも近いですよね。石を見て、ペニスの形をした石があったりすると、これは驚きですよね。ヴァギナの形をした石があれば、さらにまた驚きですよね。石を見つめたり、大切に扱ったりして何か愛着を感じるというようなことを含めて、アニミズムが発動しやすい距離があったんだろうと思います。そう考えると、現代では飼い犬や猫、ぬいぐるみやフィギュアなどとの距離感はすぐれてアニミズム的なものだと言えるでしょう[*]。

奄美大島に移住して暮らしていた山尾三省[**]という詩人がいますが、彼が言っていたのもそういうことに非常に近いです。山尾は岩田と同じくらい多くのアニミズムの本を出していますが、詩を書いたり物事を考えたりするとき、彼に言わせると、近い距

＊ 奥野克巳 二〇二一「ぬいぐるみとの対話 アニミズム、身体の内と外から」『ユリイカ』七六九、一五八-一六六頁、

離で石を見るならば、石そのものの気持ちになれる。石に対する愛情というだけでなく、石そのものがこちら側に語りかけてくれたり、動いたりしてくれるような距離感で接する。できるだけ自他の境界そのものを薄れさせてしまう。そういう関係のあり方が、アニミズムについて言えるのではないかと思います。

**清水**：距離の近さというと、岩田慶治も人類学の「参与観察」をそもそもの原点に置いていますね。それは観察されるものたちの内側にいながら、なおかつ外側から見ている、といったものです。この世で生きていることからボトムアップで物事を捉えるのではなくて、これは還相と往相の話でもそうですが、どちらでもない《中間》から見たような視点があるし、それはある種の対話でもある、ということですね。

**奥野**：岩田は、土のなかから大根なんかを引き抜いたときにカミを感じることを重視していますね。それは言語で「カミ」と措定する以前の、言語以前の驚きそのものを察している。私も昔、土中から大根を引き抜いたらすごい長さで、引き抜いた時点でそのままずうーっと出てくるかと思ったら、ずっと向こうまで長く繋がっていた。能動的に引き抜いたというよりも、引き抜いているうちに力が抜けて大根のほうから勝手に出てくるような、引き抜かされたように、言葉にならない、言葉になる以前の感

青土社。

＊＊ 山尾三省 一九八四『ジョーがくれた石 12の旅の物語』地湧社。

覚、これは驚きですよね。

**清水**：ああ、なるほど。捨身じゃないけれども、捧げてくれたわけですね。

**奥野**：そうなんです。大根のほうが主体なんですよね。自分はそれを引き抜いているというよりも、引き抜かされている。言語化するとそういうことですけれども、そういう風に言葉出てくる前の、驚きみたいなものを岩田はおそらく「カミ」というふた文字で書いている。そういうものがアニミズムだとすれば、岩田はかなり広げている。アニミズムの概念を、単に未開の宗教であるとか、宗教の原初形態みたいなものに定義するのではなくて、もっとわれわれが生きていることのある種の喜びであったり、有限のなかに無限があり、無限のなかに有限があったりするような、そんな広がりで考えている。どうしても学問としての人類学は、ヴィヴェイロス・デ・カストロやデスコラが、言葉として切り出したパースペクティヴィズムや、四象限の図式のようなものにこだわらざるを得ない。そこで論文を書き研究するという姿勢を崩さないわけですが、岩田はそれとは全く違う発想です。われわれが生きているということはどういうことなのか、真正面から考えようとしていた。そこが、インゴルドとよく似ている気がします。

**清水**：ただ、ただ、喜んでいるだけみたいな世界ですよね（笑）。岩田の世界は。

**奥野**：そうですね（笑）。「すごい！」ということを表現していって、別のところでは違う言い方をしてみたりして、少し変えながら書いている。大事なことは、どこでも同じような言葉を使っている（笑）。

**清水**：それは無理ですよ。そうじゃないとできないですよ（笑）。彼は一読しただけだと連続性やつながりが分からないような話もしますが、その根拠が相当に考えられていますね。禅に対する理解もすごい。見習って本気でアニミズムに取り組み、かつアニミズムを本当に理論に取り込もうと考えて試みると、なかなか難しいですね。

**奥野**：語り得ないものになっていますね。難しいですよ。

## マルチスピーシーズ人類学とアニミズム

――日本では早くから奥野さんたちが導入されて精力的に研究会も開催されているマルチスピーシーズ人類学*ですが、多種間の倫理を考えるときに、アニミズムを取り込んで考えるということはあるのでしょうか。さきほども食う－食われるという

＊ マルチスピーシーズ人類学については以下を参照。奥野克巳、近藤祉秋、ナターシャ・ファイン編 二〇二一『モア・ザン・ヒューマン マルチスピーシーズ人類学と環境人文学』以文社。奥野克巳、シンジルト編、MOSA（マンガ）二〇二一『マンガ版マルチスピーシーズ人類学』以文社。

ような関係のように、今日の人権思想からは出てこないような、生命の発想がおそらくあるのではないかと思いますが、マルチスピーシーズ人類学とアニミズムはどのようにかかわってくるとお考えになりますか。

**奥野**：今日、私たちは人権というものが、ヒューマン・ライツとして規定されていて、我々はそれを唯一絶対的なものだと思いがちです。しかし、それは本当なのかということですよね。そのことを問い直す上では、たとえばピーター・シンガーの『動物の解放』*はとても重要な書だと思います。シンガーがそれを一九七五年に刊行して以来、動物の権利アニマル・ライツの運動が非常に盛んになってきている。それは総論としては「別のしかたで考える」ための重要な挑戦だと思います。しかし、現在のアニマル・ライツの人たちの活動は、人間中心主義そのものを批判するのではなくて、どちらかといえば、アニマル・ライツに賛成しない人を批判・攻撃している。そういう人間対人間の流れが非常に強まっている面があるのは否めない気がします。

——アニマル・ライツとは、人間の権利、つまりヒューマン・ライツをただ動物に

＊ シンガー、ピーター 一九八八『動物の解放』戸田清訳、技術と人間。なお、日本語訳改訂版は二〇一一年に人文書院から刊行されている。

森から獲れたばかりのヒゲイノシシを担いでロギング・ロードに出てきたプナンのハンター。
撮影：奥野克巳

当てはめただけだという批判もありますよね。

**清水**：ほとんど、そうですよね。

**奥野**：ヨーロッパで人間と動物は違う、人間と動物、文化と自然を切り分けるところから出発し長らくやって来た上で、知性を持った動物に対しては人間と同等の権利が認められなければならないとごく最近になって思想を反転させたように見えます。発想としては、切り分けたところから逆に繋ごうとしているわけです。その発想が持つ問題性がひとつの課題でしょう。原則としては、知性の高い動物をまず平等の共同体に加入させるわけですね。イルカやクジラ、大型霊長類などです。そういう切り分け方があって、そうなると、まず粘菌なんかはその平等の共同体にはまずはいりませんよね（笑）。そのような流れが人類史的な課題としてあるのではないかと思っています。

アニマル・ライツやビーガンの人たちの最近の発言は、一部で非常に過激ですね。その過激な批判がどこに向けられているのかというと、私たちのなかに培われた人間中心主義をひっくり返すというのでは必ずしもなくて、アニマル・ライツやビーガンでない人たちに向けられている。もっともとてもよく批判されるので、それに対する過剰防衛をしている面もありますが。いずれにせよ、本来的に追求し、探求しなければならない事柄は、彼らのなかでも見失われつつあるのではないかと思えるふしもありますね。

**清水**：それは、私が第二章のなかでも書いたように、主客問題、人間と自然の問題という、その二項だけで考えると駄目なんですよね。

**奥野**：たしかに不毛な二項対立の陥穽にはまっているわけですね。

**清水**：たとえばミシェル・セールは『自然契約』という本のなかで、自然から人類への逆襲的なカタストロフィーが遠からずある、という話をする。そのため人間同士でいう社会契約にあたるものを、自然とも結ばなければならないと話を進めるんですが、自然は法的主体じゃないからどうしたらいいんだということになって、一回、議論がそこで行き詰まるんです。すると彼は人間と自然が不可分で、それらのあいだに循環的応酬がある状態を考えようとおもむろに言い出してきて、そこで科学認識論の話を始めるんですね。アクターネットワーク論みたいな話になって来るんです。

人間が自然を見失った、それは不可知なものになったけれども、科学はどうなんだという話をして、今度は科学的な知が生まれるなかでの、複数の人間の働きと、対象としての自然という問題に進む。そして複数の人間集団がお互いに牽制し合うための媒体として、自然があるんだという話になってくる。ここで一と多の問題が絡んできて、やっと人間と自然の関係もそれを介して調停できないかというところにいく。

ビーガンが非ビーガンを批判するその例では、モノを介して人々がお互いの違ったあり方を可視化するとか、その競合関係を受け入れるということがない。それは、モノのエージェンシーが全然機能していなくて、ただ人間集団の権力闘争になっているということです。二項対立の扱いが単純で、対象＝自然が見失われている。

**奥野**：あるいは、東洋思想や仏教思想から考えていくことを取り戻すとかも有効かも知れませんね。

**清水**：そちらから考える必要もありますよね。梅原猛は、結局、日本人の思想のデフォルトはアニミズムと習合した天台本覚思想だった、ということを語っているんですが、昭和の頃まではそうだった気が確かにしますね。つねに根底にアニミズムがあったし、あの手塚治虫の国民的な作品ですら、天台本覚思想のSF版みたいな感じだったじゃないですか。いまだに日本のアニメ映画で歴代興行収入がいちばん高かったものとは何かと言えば、宮崎駿の『千と千尋の神隠し』や『もののけ姫』、あるい

ボルネオ島の熱帯雨林で樹液に集まるアリ。撮影：奥野克巳

は新海誠の『君の名は。』とか、アニミズム丸出しのものがほとんど筆頭に挙げられます。絶えず基層にはあるんだけれども、それがかつての仏教のように思想として自覚されていない。

**奥野**：マルチスピーシーズ人類学は、まさにその辺のところをもう一度考え直したい。人間を含めた複数種を考え直すこと。人類学はこれまで人間のことを人間が考えるときの差異を「文化」を軸に扱ってきました。文化のなかには人間しか存在せず、動植物は外部の要素くらいにしか見られてこなかったのです。よく言われるのは、クロード・レヴィ＝ストロースはトーテミズムの議論をする際に、動物などの他種は、「考えるのに適している」と言っている。Good to think ですね。これを受けて、マーヴィン・ハリスは動物は「食べるのに適している」、つまり Good to eat だと言った。これは非常に唯物的な考え方です。これに続いて、人類学者ではありませんが、ダナ・ハラウェイは、人間は他種と Good to live with だと述べた。「一緒に生きる」存在者たちとして、動物との関係性を再構築したのです。こういうマニフェストが彼女が二〇〇三年に『伴侶種宣言』[*]を刊行した頃から広まってきている。人類学が、ハラウェイのマニフェストをまともに受けとめ始めたのは、二〇一〇年代に前後からです。ま

＊ ハラウェイ、ダナ 二〇一三『伴侶種宣言

だまだスタートしたばかりで、さまざまな困難があります。

ものを食べて排泄するという行為は、一部は身体に取り込まれてエネルギーとなるけれども、一部は排泄物となり、その排泄物としてのコンポストが、そこで終わるのではなく、次の生を生んでいくようなことを、近年のハラウェイは言います。これはもう、仏教的なんですよね。仏教の縁起や輪廻と同じことなのかもしれない。マルチスピーシーズ人類学は、まだ誰もはっきりと言ってませんが、無自性や無我というような、自己そのものを前提しないところから出発する。

翻ってみると、ずっと人類学は自己から出発していた。自己と他者です。自己というのを、文化の絶対的な単位として考えていた。そして、その文化もまたひとつの単一性ないしは実体を有しているもの、ひとつのエンティティとして考えていた。そうした理論的な土台の上で、フィールドワークを行い、民族誌記述をやってきたんです。それに対する批判はポストモダン人類学のころから言われてきたことではあるんです。たとえばある文化のなかに移民が入ってきているとか、逆に移住して文化を移動させるというようなこともあるわけで、単一性や実体性では文化を語れないということに早くから気付いていたにもかかわらず、人類学者はその点はあまり深められてきてい

犬と人の「重要な他者性」』永野文香訳、以文社。

ない。

ようやくそこにマルチスピーシーズ人類学的な動きが出てきたんです。つまり、「人間とは何か」と問うときに、複数種との関係において考えるというような発想へと抜けていくことで、ようやく実体のないもの、自己のようなものが初めからあるわけではないところ、社会や文化というものが最初からあるわけではないところに踏み込み始めたのです。逆に言えば、どうしてこれまでそれに気がつかなかったのかが、実は大きな問題なのかもしれません。

**清水**：まさにノンヒューマンですね。Aと非Aの話がありましたけれども、やはりそういうところからマルチスピーシーズ的な倫理が考えられなければならない。自明なものとして、社会の構成素としての人間主体から発想するという考えは、すでに破綻していて、そうではないものをどう構造化するかということが大事なんです。そこで出て来るのが始まりも終わりもないような、お互いに包摂し合うようなあり方だと思うんですよね。

そこへ行くまでに、たとえばアニミズムや仏教の「縁起」のような思想を、宗教でこう考えられていましたと言って済ませてしまうのでは物足りない。懐疑し抜いたすえに、論理的にそうならざるを得ないというところまで考えたい。それが今後の哲学の一つの課題だと思います。

**奥野**：なるほど、宗教というよりも仏教の知、知恵にもう一度戻って考えぬいていく。

**清水**：そうですね。戻ったほうがいい。仏教というのは、まだ、アニミズムからのものを色濃く引いているし、アニミズムを止揚するものでもあり、哲学もまた止揚するものだと思うんです。また仏教じたいも理論として鍛え上げて、そこに経験的なものや、個を超えた情念の深さ、豊かさを肉付けしていくのがこれからの文明の大きな方向ではないでしょうか。そうしないと、ビーガンがビーガンではない人を攻撃するとか、ポリティカル・コレクトネスの主張とそれに対するアンチの応酬とか、倫理も価値も文化もすかすかで画一的なものになっていってしまう。

残念なことに、実感として日本人が仏教にせよ、その他の文化にせよ、今ほとんど自分たちの文明が分からなくなってきている。これは少子化がどうとか言うようなレヴェルの問題ではないですね。もはや文化的にはすでに少数民族になってきている。逆にいうと、単なる頭数なんかどうでもいい。ポストモダンを超えるとかそんな話ではなく、アニミズムや仏教を包摂して、自分の仕事もこれまでの西洋思想にないかたちを採って、文明の定礎を試みないといけない。そうでないと、この行き詰まりを抜け出すことは難しい。そんな風に考えていますね……。

# 第四章
# 他力論的アニミズム

奥野克巳

扉写真　バングラデッシュでの上座部仏教の得度式に参加する著者（奥野）。提供：奥野克巳（1983 年）

救いには一切の証はありませんぞ。その証を求めるのは此方のはからいで一種の自力です。救いは仏様の願いで成就している。私らは自分の機にかかわらず只信じればいいのです。

――倉田百三『出家とその弟子』、九二頁

## 一　トゥムンチの自力、アイヌの他力

第一章で取り上げた、池澤夏樹の創作神話『熊になった少年』に登場するトゥムンチは、クマ送りの儀礼を行なわない人たちとして描かれていた。[*1] トゥムンチは、「心正しいアイヌではなく〔…〕熊を獲っても、熊の魂をちゃんと神の国に送らなかったのです」（池澤　二〇〇九：一〇）。トゥムンチは、「熊が自分たちのところに来てくれるのだとは考えず、自分たちが強いから、だから熊が獲れるのだと思っておりました」（池澤　二〇〇九：一一）。

トゥムンチは、クマ猟に関しては、自らの力を信じて疑うことがない人たちとして描かれていた。彼らは、アイヌとは違って、アニミズムの連絡通路を壁で閉ざしていたのである。トゥムンチは、中沢の言葉を借りれば、「人間の生物圏における圧倒的な優位を少しも疑わない人々」（中沢　二〇〇二：二八）だった。「自分だ

けは食物連鎖の環から超越した存在であると思い込み、動物たちを自由に囲い込んだり、スポーツとなった狩猟で動物たちを殺してもかまわないと思うようになり［…］そういうことに疑いを持たない人間」（中沢 二〇〇二：二八）たちだと言うことができるのかもしれない。

自力で何でもできるのだと考えるのは、二〇世紀の人間の大いなる特徴だと見るのが、小説家・批評家の五木寛之である（五木 二〇一五）。五木は、二〇世紀の人間をかえりみると、人間は傲慢すぎたのではないだろうかと言う。

人間には、自らの力で、あらゆることができる。月にさえ行った。それは人間の力への自信だけでなく、傲慢を生む。そして、「こういう傲慢さゆえに、私たちは、人間が寄生虫のように暮らしている地球というものを、ずいぶん無茶苦茶にしてきた。オゾン層を破壊したり、水を汚したり、熱帯雨林の森を片っ端から破壊して、経済的な発展のために使ったり、空気を汚したり、ありとあらゆることをやってきた」（五木 二〇一五：一二）。

そうした計り知れない人間の力が発揮されることになったそもそもの淵源は、五木によれば、一四世紀にイタリアから始まり、一五世紀にヨーロッパに広がったルネッサンスである。それは、一般には、中世ヨーロッパの神中心の価値観から個人の理性や尊厳を重んじる人間中心への価値観への転換を印づけた。五木は以下のように述べている。

ルネッサンスというものは、教会と神の権威の前には取るに足らない雑草か虫けらのような存在だった人間たちに、「いや、それは違うぞ」と語りかけることから始まりました。人間というのは、偉大なものである。人間の持っている才能や資質を啓発し、磨き上げ、可能性を探求していけば、人間にはありとあらゆることができるのだ。人間は、この地上の虫けらではなく、王者なのだ。

ある意味で、人間の独立宣言のような、そういう響きがルネッサンスのなかにはあります。

人間万歳、大変結構なことだと思います。人間であることの自信を回復するという考えのもとに、さまざまな芸術や文化や思想が生まれてきた。そして、私たちの近代というのは、やはりルネッサンスからのヒューマニズムというものに深く根ざしています。

しかし、その人間万歳という叫びは、人間だけがこの地上の主人公なのだという考え方のほうへ、いつの間にか傾いてきてしまったのではないかと思います。

人間は傲慢になり、寄生しているだけにすぎないこの地上のありとあらゆるものを私たちは勝手に消費し、汚染してきた（五木　二〇一五：一二－一三）。

キリスト教会の権威の前に虫けら同様であった人間は、ルネッサンス期になると、虫けらなどではないとされ、それ以降、人間の力が見直されるようになった。それによって、芸術や文化や思想が花開いたことは素晴らしいことだった。他方で、ヒューマニズムの興隆により、人間はやがて地上の王者、あるいは地上の主人公にまで登りつめたのである。二〇世紀になると、地上の主人公たる人間は、地球上のあらゆるものを消費し、周囲の環境を汚すまでになった。

人間は、人間の力にだけ頼りながら人間を超えた事業を成し遂げるようになり、そうした達成の事実が、人間にさらなる自信を与え、何事もできないことなどないという人間の自らの力への過信につながったのである。「その根にあるのは、やはり『一〇〇パーセント自力』という考え方なのではないか」（五木 二〇一五：一三）と、五木は言う。

翻ってトゥムンチもまた、自力のみに頼る人たちであった。殺されたクマがかわいそうだと思う主人公のイキリ少年は周囲の大人たちから、「熊なんかに同情してはいけない。立派な狩人になるためには、もっと心が硬くなくてはいけない」（池澤 二〇〇九：一二二）と諭される。クマから人間に戻ったイキリが、クマの魂がカミの世界に行けるように、トゥムンチの人たちにクマ送りの儀礼をしてほしいと頼むと、「「俺たちには力がある。儀式をすれば熊の魂が喜ぶとおまえは言うが、そんなことは信じられない。俺たちは強い」」（池澤 二〇〇九：五五）と、トゥムンチは、自らの力の強さを信じて疑うことなどないのだった。彼らもまた、「一〇〇パーセント自力」を貫き通そうとするのだった。

自力で糧を得ようとするトゥムンチには、アニミズムがなかったのだと言えよう。同じように、現代の人間には、アニミズムが消滅しかかっていると言うのは、飛躍しすぎだろうか。

問いを代えよう。人間の力だけに頼る人たちに欠けているのは、いったい何だろうか。自力への自信が備わっている裏で欠けているのは「他力」ではないだろうか。クマ（カミ）との間で、アニミズムの連絡通路を保っているアイヌは、自力に頼るのではなく、他力を感じながら、世界を組み立ててきたのだとは言えないだろうか。

本章では、アニミズムを、自力ではなく他力によって、つまり人間の力ではなく目に見えない大きな力によって現れるものだと捉える視点に立って考えてみたいと思う。

## 二　武蔵、吉岡一門との一乗寺下がり松の決闘を前に

他力とは、たんに「あなたまかせ」や「他人まかせ」のことではない。五木の説明に耳を傾けてみよう。

私はかつて他力のはたらきを、風にたとえたことがありました。

エンジンのついていないヨットは、風がなければ動きません。逆風であれ、順風であれ、まったくの無

風状態では搬送することは不可能です。

他力という風が吹いてこない限り、ヨットは自力で走ることはできないのです。しかし、ただひたすら風だけを当てにして、ぼんやりしているだけでも駄目でしょう。

真剣に水平線の雲の気配をうかがい、いつかは必ず風が吹くと信じて、そのチャンスを逃さないようにしっかり見張っている必要があります。せっかく風が吹いてきても、帆をおろして居眠りをしていたのでは意味がないでしょう。

やはりそれなりに自力の努力は必要なのです。とはいえ、走らせようと気持ちだけあせって、手で水をかき回してもヨットは前へは進まないのです。

他力は自力の母である、と私は思います。自分を信じてがんばろう、と決意したとき、その気持ちが訪れてきたことこそ他力へのはたらきではないでしょうか（五木　二〇一四：一八二）。

自力と見える努力が、他力の働きであるというのが、「他力」である。それは、目に見えない大きな力に自然に引き寄せられることに他ならない（五木　二〇〇五：四一）。

『熊になった少年』に戻れば、アイヌは、アニミズムの連絡通路をつうじて、他力の「風」が吹いてくるような時節をうかがいながら、自力に頼って猟を行なっていたのではないだろうか。その意味で、クマ送り

下がり松の古木。撮影：最上桂舟

の儀礼は、自力をしのぐ他力を感じる機会だったのだと言えるのかもしれない。

もう一つ、五木が挙げる他力の例を見ておきたい。吉川英治の小説『宮本武蔵』で、吉岡一門と決闘するために一乗寺下がり松に武蔵が向かう時に偶然、八大神社に立ち寄るシーンがある。武蔵が拝殿の額を仰ぐと、大きな力を味方に持った気がしてくる。御手洗の水で口漱ぎ、拝殿の鰐口に手をかけて、武蔵は、自分はここで何をしているのかと自問する。「さむらいの味方は他力ではない。死こそ常々の味方である」（吉川 一九八九：三五六）と念じ、「すでに空身。なにを恃みなにを願うことがあろう」（吉川 一九八九：三五九）と、神に祈ろうとするのを取りやめる。

神はないともいえないが、恃むべきものではなく、さりとて自己という人間も、いと弱い小さいあわれなもの——と観ずるもののあわれのほかでない（吉川 一九八九：三五九）。

武蔵は、一歩下がって両手を合わせただけで、神の加護に頼ることなく、自力で闘うことを心に決めて、そこを立ち去ったのであった。五木は、このシーンを取り上げて、以下のように述べている。

その「神仏を頼まず」という、自力の心を宮本武蔵が心に抱いたということ、そのことにじつは大きな他力の風を感じるのです（五木 二〇一五：八）。

神という目に見えない大きな力に祈ることなく、決闘の場所に向かったという事実それ自体が、他力という不思議な力があることを示しているのだと、五木は述べている（五木 二〇一五：一〇）。他力に頼らずに、武蔵は自力で闘う決意をしたことの裏には他力がある。

五木は、親鸞の言葉を引いて、「わが計らいにはあらず」というのが他力だと述べている。[*2] アニミズムには、何かをなすことが、私／私たちがやったことではなく、「わが計らいにはあらず」と構える態度が潜んでいる。アニミズムは、人間以上の目に見えない大きな力によってそうせざるを得ない、というところへと人間が自ずと引き寄せられるということを含んでいるように思われる。

そのような他力は、私が勤務先の大学で担当している宗教人類学の授業を聞いた大学生たちのアニミズム経験のレポートのあちこちに示されている。幾つか取り上げてみよう。

私のアニミズム的即自体験は小学校低学年の頃にあった。私は当時、家の家具自体と頭で会話をしていた。例えば寝ようとしてベッドに上がるとき、私にも分からない「上がるタイミング」が存在していて、そのタイミングを決めるのは私ではなくベッドだった。タイミングが悪いと、ベッドから「もう一回」と言われた気がして、もう一度上がり直したりしていた。

ベッドが「上がるタイミング」を私に命じてくるというのだ。

私は花などの植物が好きで、観葉植物がたくさん家にあり、水をやる時に、声をかけるようにしている。「大きくなったね。水を飲んでもっと成長してね」と言ったり、時には私が好きな音楽を植物の近くで流して「良い曲だよね」と言ってみたりする。すると、翌日見ると、話しかけた時よりも綺麗に、美しく成長したと感じるのだ。

話しかけたり、世話をしたりすることによって、綺麗になるように思える植物がある。水をやるのは、たんに植物が好きだからというのではなく、水をやることによって美しく成長したように感じられる植物たちからの働きかけがあるかのようである。

私がベッドから起き上がるタイミングは、「わが計らいにあらず」であったし、観葉植物は、手間をかけると奇麗になると感じられる存在感を発し続けていた。それぞれ、そうせざるを得ない、というところへと「私」が引き寄せられるという点で共通している。

アニミズムは、自分と自分の周囲の世界の連絡通路をつねに開いておく、つまりモノや他生にも注意を払うことで、モノや他生や世界の側からの働きかけに私が応じるという機序で成立するように思われる。[*3]「大きな「他力」を感じつつ、「自力」を忘れないという、そういった自由で活気のある思想としての『他力』を思い描く」(五木 二〇一四:一八四) ことが、ここでいうアニミズムに他ならない。

## 三　ユカギールのアニミズムの他力的な身体徴候

すでに見たように、アイヌの人々の狩猟は、自力ではなく、目に見えない大きな力の勢力圏であるカミの世界と連絡通路でつながった中で、他力に依りながら行われてきたアニミズムであり、クマ送りの儀礼は、そのようなアニミズムの理念を具体的に示す顕著な機会であった。ここからは、アイヌのアニミズムとの対比において、シベリアの狩猟民ユカギールのアニミズムを取り上げたい。ユカギールの民族誌には、狩猟活動に至る日常生活の中に他力的な徴候が顕著に見られることが報告されている。

レーン・ウィラースレフの『ソウル・ハンターズ――シベリア・ユカギールのアニミズムの人類学』（ウィラースレフ　二〇一八）は、ユカギールの狩猟者スピリドン爺さんが、狩猟の場面で「エルク＝人間」になるシーンから始まる。スピリドン爺さんは、毛を外にひっくり返したエルクの革の外套、特徴的な突き出たエルクの耳のついた頭飾り、エルクが雪の中を歩く音に似せるためにエルクの脚のなめらかな毛皮で覆ったスキー板を着けて、身体を前後に揺らしながら、エルクのように歩いていた。他方で、手には装填済みのライフル銃が握られており、帽子の下からは人間の目、鼻、口を備えた顔の下半分が出ていて、人間の男でもあった。「彼はエルクではなかったが、エルクではないというわけでもなかった」（ウィラースレフ　二〇一八：一二）と、ウィラースレフはその「エルク＝人間」のイメージを語っている。

ヤナギの茂みから雌エルクが現れると、スピリドン爺さんはそれに近づいた。雌エルクは、エルクを模倣する彼のパフォーマンスに囚われ、彼のほうに近づいてきた。雌エルクの背後から仔エルクが現れた時、スピリドン爺さんは銃を持ちあげて、二匹を撃ち殺した。後に彼は、この出来事を以下のように振り返っている。

「私はふたりの人物（パーソンズ）が踊りながら近づいて来るのを見た。母親は美しく若い女で、歌いながらこう言ったんだ。「誉れある友よ、いらっしゃい。あなたの手を取り、私たちの住まいにご案内しましょう」。そのとき、私はふたりを殺したんだ。もし彼女と一緒に行ってしまっていたら、私のほうが死んでいただろう。彼女が私を殺していただろう」（ウィラースレフ　二〇一八：一二）。

スピリドン爺さんは、美しく若い女であるように見えた雌エルクから家に来るように誘われたその時、二人（二匹）を撃ち殺したのである。ウィラースレフは、「人間ではない（ノン・ヒューマン）動物に対して（また、無生物や精霊といった動物ではないものに対してさえ）、人間の人格と同等の知的、情動的、霊的な性質を与える、こうした一組の信念は、アニミズムと伝統的に呼ばれている」（ウィラースレフ　二〇一八：一二ー一三）と述べている。

ユカギールが自力のみを頼って動物を狩るのではなく、他力に開かれていると言えるのは、こうした狩猟の場面に先立って、狩猟者やその家族に、他力的な身体徴候が現れるからである。ウィラースレフは、ユカギールの「狩猟者たちは、彼らの身体的な行為主体が、来たるべき狩りにおいて運が良いか悪いかを示す、予言的な身体徴候をもたらすことによって、彼らを助けてくれるのだ」（ウィラースレフ　二〇一八：一〇〇）と述べている。

ある老女は、彼女の「下唇が震えたこと」が狩猟の成功の徴候であると述べた。そのことは、彼女が近い

シベリアのエルク。撮影：田中光常

うちに肉を食べることを示していたのである。彼女の「脇の下が痒くなったこと」もまた、狩猟の成功の徴候だとされる。なぜなら、それは、エルクの身体のなかで弾丸が当たるであろう場所を指し示しているからである。他の例として、ある若い狩猟者は、「背中が痛むこと」は、大きな獲物を殺すことを意味すると語ったという。腰痛が、近いうちに大量の肉を運ばねばならないだろうと背中が告げているというのだ。ある狩猟者にとっては「眉毛が痙攣すること」、別の者にとっては「耳が痒くなること」が、狩猟の成功の徴候であるとされる。

重要なのは、あらゆる狩猟者が、彼らの身体、むしろ、その各部位が来たるべき狩りにおける成功についての事実を伝えてくれるという信仰を共有していることだ（ウィラースレフ 二〇一八：一〇〇）。

ユカギールにとって、狩猟の出発点は、身体や身体の部位に現われる、わが計らいではない、肯定的な徴候にあるのだと言える。目に見えない力が身体や身体の部位に働きかけて、何らかの身体徴候となって現れて、猟果を示してくれる。逆に、「もし何者かが不運を示す身体徴候を得たとき、彼は通常、計画を変更する。彼の身体が良運の徴候を彼に与えてくれるまで、彼は獲物を追跡するのをやめる」（ウィラースレフ 二〇一八：一〇〇）。それらは、ユカギールの狩猟が、自力に頼って行なわれるのではなく、目に見えない何らかの力、つまり他力の働きによって始まることを示している。

## 四　エルク猟に見られる視点の高速交換

こうした身体的徴候をつかみ取った後、ユカギールの狩猟の準備は、猟の数日前から始められる。実際の狩猟の前に、他力を感じることから出発して、獲物とのスピリチュアルな交渉を経て、自力を含む行動へと転じる。

狩猟者はサウナに入って、人間の臭いを消す。また、人間の捕食者であるのを止めるために日常の言葉使いを止め、動物を表現する特別な用語を用いる。例えば、エルクは一般に「大きいやつ」と呼ばれ、クマは「裸足のやつ」と呼ばれる。人々は、「エルク猟に行こう」という言い方をしない。彼らは、「大きいやつを見にいこう」「森に行ってくる」「散歩してくる」と言ったりする。

動物の足跡を見つけた場合、暗号化してそれを人々に伝える。野営地に戻った狩猟者が、フェルトのブーツを履いたロシア人の足跡を見つけ、その小屋は遠くないと語ったことがある。「明日挨拶に行こう」と、狩猟のリーダーは答えたが、ロシア人とはクマのことであった。

狩猟者はまた、「殺す」という語を用いない。代わりに、下向きに手を動かして、動物が地面に倒れたことを示す。また、狩猟の当日にナイフを研いだり銃を磨いたりすることは、暴力的な意図を示すことになると考えられている（ウィラースレフ 二〇一八：一七一－二）。

狩猟者は、狩猟に行く前日の夕方、舶来の交易品を火に捧げる。「火に食べ物を与える」ことは、動物を誘惑するのに必要だと考えられている。火に投げ込まれるウォッカやタバコは、動物の支配霊（精霊）を淫らな気分にさせるという。アルコールが精霊の感覚をぼんやりさせる。そのため、精霊は、夢の中で動物に扮して精霊の家を訪ねる狩猟者の正体を確認し損なう。酔っ払って、性的欲望で「目が見えなくなった」精霊は、「家宅侵入者」を無害な恋人または家族の一員であると思い込んで、ベッドインする。

夜の逢瀬で狩猟者が支配霊に喚起した淫らな感情は、「どういうわけか、物質界の精霊の対応物である獲物の動物にまで拡張される。かくして、翌朝、狩猟者がエルクを見つけて、それを模倣し始めると、性的興奮の絶頂を期待した動物が走り寄ってくる」（ウィラースレフ 二〇一八：一七一－二）。そのようにして狩猟者は、前節の冒頭で見たように、最終的に獲物を撃ち殺すのである。

ウィラースレフは、その時の狩猟者とエルクのやり取りを、以下のように記述している。

> 狩猟者は、彼に向かって歩み寄るエルクを見ているだけではなく、あたかも自分がエルクであるかのように「外部」から自分自身を見ている。つまり彼は、（主体としての）他者が（客体としての）彼について持

つようなパースペクティヴを自分自身に引き受ける（ウィラースレフ　二〇一八：一六八）。

このことを、ウィラースレフは狩猟者の「二重のパースペクティヴ」と呼び、それを「視覚上の揺れのようなものである」（ウィラースレフ　二〇一八：一六八）と表現している。そして「その揺れの中では、「客体としてのエルクを見る主体としての狩猟者」と「主体としてのエルクによって見られている客体として自らを見る狩猟者」が、あまりの速さで交互に入れ替わるため、種間の境界が侵され、ある程度「一体化」が経験される」（ウィラースレフ　二〇一八：一六八）と主張する。

この、人間としての自己とエルクである自己との間を高速で揺れ動く過程で、逆説的なことながら、狩猟者は「エルクの人格性（パーソンフッド）」を否定することができない。「なぜなら、このことが実質的に彼自身の人格性を否定することを意味するからである」（ウィラースレフ　二〇一八：一六九）。これに続けて、「狩猟者の心理的な安定、つまり人格としての自己意識は、人格としての動物にこそ依存している」（ウィラースレフ　二〇一八：一六八）のだと、ウィラースレフは述べている。つまり、**狩猟者は狩猟実践に没入する中で、人間の人格を、動物の人格性から与えられる**というのだ。ユカギールにとって、「人間の人格性」とは所与のものではなく、狩猟実践の過程で動物から授けられるものなのである。

狩猟の場面での人間と動物の間の揺れ動きはまた、次のようにも言い表される。

私たちが扱っているのは、「私」と「私＝ではない」とが「私＝ではない＝のではない」になるような、奇妙な融合もしくは統合である。私はエルクではないが、エルクでないわけでもない。同じように、エルクは人間ではないが、人間ではないわけではない。他者と似ているが、同時に異なってもいるという、この根源的な曖昧さは、動物と人間が互いの身体をまといながら、なりすました種に似ているが、まったく同じというわけではないやり方でふるまうという、ユカギールの語りの中に私たちが見出すものに他ならない（ウィラースレフ　二〇一八：一七〇）。

ユカギールのアニミズムとは、人間と、動物、無生物、精霊といった非人間の間で、「私」が「私＝ではなく」「私＝でもなくはない」という揺れ動きを経験する中で、存在者たちを隔てている境界がしだいに薄れ、人間の人格と同等の知的・情動的・霊的な性質を持つ存在者が立ち現れる信念と実践のことだと言い換えることもできるだろう。

## 五　公共的空間と私的な領域を往還する

だが、「私」が共感して模倣する「私＝でない」エルクが住まう世界は、必ずしも「私」の経験する世界と同質のものではない。第一章で指摘したように、こちらからひとつらなりあちら側は、因果律に囚われない非因果連関を原理とする世界であった。アニミズムには、私たちの住まう現実世界と、その実在と秩序を無効にしかねないあちら側の世界との往還運動が含まれていた。

こうした論点を思い起こすならば、ユカギールの主客の高速交換には、まだ検討の余地が残されているように思われる。以下では、主客の揺れ動きを、第一章に沿って再検討してみたい。手がかりとするのは、哲学者・西田幾多郎である。

西田は、一方に「心」、他方に「モノ」を置き、それぞれを独立したものと捉え、主客を対置させる図式的理解を批判検討している。主客の対置は事後的に、分析的な理性によってなされるのであって、もともとの経験には、主客の区別や対置はないと西田は考えたのである。

元来精神と自然の二種の実在があるのではない。この二者の区別は同一実在の見方の相違により起るのである。直接経験の事実においては主客の対立なく、精神物体の区別なく、物即心、心即物、ただ一箇の現実あるのみである（西田　二〇一九［一九五〇］：二三九）。

意識現象は、まず意識される対象があって、私たちが意識するという機序で起きるのではない。「物即心、心即物」の事実があるのみだと、西田は言う。西田が掲げる美しい音楽の例を引いてみよう。

> 恰も我々は美妙なる音楽に心を奪われ、物我相忘れ、天地ただ嚠喨（りゅうりょう）たる一楽声のみなるが如く、この刹那いわゆる真実在が現前して居る。これを空気の振動であるとか、自分がこれを聴いて居るとかいう考えは、我々がこの実在の真景を離れて反省し思惟するに由って起ってくるので、この時我は已に真実在を離れて居るのである（西田　二〇一九［一九五〇］：八一）。

私たちが、音楽の妙なる調べに心を奪われている時、それを空気の振動に置き換えるならば、「実在の真景」あるいは「真実在」から離れてしまう。

> 主客の未だ分かれざる独立自全の真実在は知情意を一にしたものである。真実在は普通に考えられて居

る様な冷静な知識の対象ではない。我々の情意より成り立った者である（西田　二〇一九［一九五〇］：八〇－一）。

真実在とは、「知情意」を一つにしたものであって、そこから情意を引いたものが知すなわち知識の対象となる。「情意を除き去った知とは、幅のない線と同様に、実際には存在しない」（藤田　一九九八：七六）し、『情意』を排除すれば排除するほど、われわれは『実在の真景』から遠ざかる」（藤田 一九九八：八〇）。

実在の真景とはただ我々がこれを自得すべき者であって、これを反省し、分析し言語に表しうるべき者ではなかろう（西田 二〇一九［一九五〇］：八五）。

「自得」とは「直観」のことである。それは、事柄を外側から捉えるのではなく、事柄の中に入り込み、内側からそれを捉えようとする態度のことであり、自得されるのは、実在の真景あるいは真実在なのである。つまり、「経験するというのは事実其儘(そのまま)に知るの意である」（西田 二〇一九［一九五〇］：一七）。

例えば、色を見、音を聞く刹那、未だこれが外物の作用であるとか、我がこれを感じて居るとかいうよ

> うな考のないのみならず、この色、この音は何であるという判断すら加わらない前をいうのである。それで純粋経験は直接経験と同一である。自己の意識状態を直下に経験した時、未だ主もなく客もない、知識とその対象とが全く合一して居る。これが経験の最醇たる者である（西田 二〇一九［一九五〇］：一七）。

主観と客観という構図が描かれる以前の段階で、言葉で言い表される以前の事実それ自体（藤田 一九九八：四二）を、西田は「純粋経験」と呼ぶ。

こちらとひとつながりになっているあちら側は、主体と客体、自己と他者を切り分ける以前の真実在である。それは、「未だ主もなく客もない、知識とその対象とが全く合一して居る」経験が広がる世界である。ユカギールの狩猟者が経験するのは、この主客未分の真実在、つまり一種の純粋経験であろう。

哲学者・藤田正勝によれば、純粋経験とは「主客対置と言語化以前」の直接経験であり、主客が対置され言語化がなされる「公共的空間」を基点として、私的な純粋経験に入って行くことである（藤田 一九八八：七〇）。さらに、純粋経験から、再び主客が対置され、言語化された公共的空間に還ってくることにもなる。

より厳密に言えば、純粋経験が「意識状態の直下の経験」だとすれば、それは事後的に意識だと言えるだけで、それがどのようなものなのかは何とも言えない。そして何か分からない事態が生じているというのは、何も起こってないことに均しい（中村 二〇一九：三七－九）。そうした困難を純粋経験は孕んでいるが、ここでは哲学者・中村昇に従って、純粋経験を「主客の分離はまだだが、結果的にそうならざるを得ない方向性」(中村 二〇一九：二七)を有するものと捉えておきたい。主客が登場してくる潜在的状態があるのだと考えなければ、それを経験とは呼べないからである。

西田哲学の検討を踏まえて言えるのは、人間が、公共的空間と私的な純粋経験の領域を往ったり来たりする往還過程で立ち現れるのがアニミズムだという点である。私的な純粋経験の領域に深く分け入り、その経験に浸りきるのではなく、公共的な空間に還って、当の現象を客観的に判断しつつ言語によって知ろうとした時に私たちの前に現れるのが、アニミズムなのである。

以上のことを踏まえれば、ユカギールのアニミズムは、人間とエルクの主客の高速交換だけではないことになるものと思われる。人間主体としての狩猟者は、客体であるエルクとの間で視点の交換だけではなく、より広がりのある、現実世界とそれ以前の世界(実在の真景)の往還過程に入る。狩猟者は主客が対置され、言語が用いられる公共的空間から、主客未分で言語化以前の私的な純粋経験の領域に往き、そして還ってくる。こちらとあちらの「間」にアニミズムは現れうるのだと言えよう。

狩猟者は、エルクの魅力的な特性や行動に惹き込まれ、何も考えられないようになり、食欲をなくして死に至ることがある。彼はあちら側へと往ってしまったのである。逆に、エルクが野営地にまっすぐ歩いてくることがあれば、それは前世の記憶が残っていて、人間の仲間を探しているからだとされる(ウィラースレ

フ 二〇一八：一七八）。また、野営地への帰路を見失って、人間の根本的な面を残しながら、完全な意味では動物にならなかった狩猟者は、森をさまよう人間と動物のハイブリッドな種である「もじゃもじゃ人間」になったとされる（ウィラースレフ 二〇一八：二七二）。ユカギールのアニミズムにおける交換は、視点の一過的な高速交換だけに留まらず、主客が対置される公共的空間と、主客未分の私的な領域の持続的な往還過程に支えられていたのである。

以上、他力的な身体徴候から始まり、自力を含む狩猟行動に見られるユカギールのアニミズムの動態を一瞥してきた（ユカギールのアニミズムについては、第五章第六節も参照のこと）。次節では、本章の主題である他力の検討に戻ろう。

## 六　自然法爾と現成公案

アイヌは、目に見えない大きな力に自らを委ねながら狩猟に臨んだし、ユカギールは、身体的な徴候を来るべき狩猟の成功の手がかりとして狩猟に臨んだ。アニミズムは、自力のみに頼るのではなく、他力の機をうかがうことのうちに現われるのだと言える。

以下では、他力とは何であるのか、どこからやって来るのかに関して、検討を加えてみたい。

「〈他力本願〉という言葉も、この親鸞の〈自然法爾〉と同じ真実を語っています」（五木　二〇一四：四四―五）と、五木は他力が「自然法爾」につながっていると述べている。仏教学者・中村元は、自然法爾は中国の道教以来使われてきた「自然」という言葉を生かしたもので、人間が大きな力に生かされており、どうして生まれてきたのかさえ分からないし、目に見えない大きな力によって生かされていることを言うのだと述べている（中村　一九八九）。

親鸞は次のように言う。

> 「自然」というのは、「自」は「おのずから」ということであり、これは念仏の行者のはからいによるのではなく、「そのようにあらしめる」という言葉である。「然」というのは、「そのようにあらしめる」という言葉であり、行者のはからいによるのではなく、阿弥陀仏の本願によるからそういうのである。「法爾」というのは、阿弥陀仏の本願によるのであるから、そのようにあらしめることを「法爾」という（浄土真宗本願寺派　二〇一六：一九四）。

自然とは、「おのずからそのようにあらしめる」ことである。それは、人間のはからいあるいは解釈によって変わりうるものではない。それ自体が自ずから真実のはたらきを示している。法爾は、阿弥陀仏の本願により、そのようにあらしめることである。要するに、自然法爾とは、人間のはからいを超えて、あるがままに成立している状態のことをいう。

ところで、中国唐代の僧・道綽は自力で修行し、悟りを得る仏教を「聖道門」、他力によって、極楽浄土に往生させてもらって救われる仏教を「浄土門」と名づけたことで知られる。上で見た、他力が自然法爾につながっているという考えは、浄土門における根本思想である。

他方、聖道門では、一般に、他力や自然法爾が強調されることはないが、わが国における聖道門である曹洞宗の開祖・道元禅師もまた、他力に似たはからいがあることを説いている。『正法眼蔵』の「現成公案」の巻に、以下のような句がある。

> 自己をはこびて万法を修証するを迷とす、万法すすみて自己を修証するはさとりなり（道元 二〇〇四：四二）[*4]。

この句の前半で道元は、自らのはからいによって世界を理解したり、働きかけたりするのは「迷い」であると述べている。他方で後半で、世界のほうから自らに働きかけるのが「悟り」なのだと、道元は言う。つまり、自力に頼るだけでは迷いが生まれるだけだが、世界からの働きかけ、すなわち他力によって悟りに向からことができるのだと説いている。万法のほうからはからいがやって来ることが悟りなのだとすれば、それは他力的なものに等しい。こうした解釈が適切なのかどうかをここでは検討してみよう。

句の前半、「自己をはこびて万法を修証する」こと、すなわち自力によって悟りを得ようとすることは、「諸法の仏法なる時節」にあたる。[*5] そこには悟りを目指すがための迷いがある。その時節には、「「迷」と「悟」とは分節され、捨てるべきものと目指すべきものとして、二元対立的に存在している」（頼住 二〇一四：三六−七）。その時、「俗世において固定的実体として仮構された自己を超えた自己の有り方があるのだと知って、つまり、自分の苦しみは解決し得るものであると知って、人は発心する」（頼住 二〇一四：三六）。だからこそ、自己から出発して、その世界を乗り越えるべく修に乗り出していく。

これに対して句の後半、「万法すすみて自己を修証する」とは、自己を含め、あらゆるものが無我であるという悟りの世界に行き着くことである。「悟り」の瞬間には、「人が俗世における認識の構図の中で不可避的に育ててしまった二元的対立的分節に基づくものの見方が乗り越えられる」（頼住 二〇一四：三七）ことになる。そこでは、「「諸法の仏法なる時節」の叙述とは反対に、あらゆる分節の無化が語られ」（頼住 二〇一四：三八）るため、「まどひなくさとりなく、諸仏なく衆生なく、生なく滅なし」となる。

倫理学者・頼住光子によれば、「この二元的分節を超える、無差別、平等、無分別の次元は、単なるスタティックな空無ではない。それは「力そのもの」である」（頼住 二〇一四：三八）とした上で、以下のように述べている。

それは、あらゆるものが個として固定化され意味付けられ序列化されるという世俗世界の有り方を覆すことによって開けてくる、世俗世界を超えた深層の次元である。人は、分断され孤立した俗世にではなく、無分節の「力そのもの」としてある深層の次元にリアリティを見いだすのである（頼住 二〇一四：四〇）。

世俗世界を超えた深層の次元とは、西田のいう実在の真景であり、純粋経験の世界である。「苦」と「楽」という、世俗世界で二項に分けられる心的状態を考えてみよう。その二つは、深層の次元ではけっして明確に二項に分けられない。苦しみの中に楽があり、楽の中にも苦しみがあるというほうが、より経験の実相に近い。世俗も超えた無分節の次元には真理が現れ、そこに力が遍満している。このことを踏まえて、頼住は以下のように述べる。

この根源的な力が自らに発動していることに人が気付くとき、発心、修行、開悟成道のプロセスが発動する、端緒においては自己の対象物として固定化されて捉えられていたこの力を自らが体得した時、自己はこの深層の無分節に連なっていく（頼住 二〇一四：四〇）。

自力によって悟りを得ようとしたものの迷いに留まっていたものが、深層の次元に立ち至った後に自己に向かってくる他力によって再び修業に乗り出すのである。道元の「現成公案」ではこのように、他力の働きに依りながら自力を発するプロセスが説かれている。そして、その半分は、親鸞の説く人間の力を超えた、大きな力によって人間は生かされているとする自然法爾と同じことが説かれている。自力が他力によって乗り越えられ、他力に依りながら自力が引き出されるという動態は、アイヌとユカギールのアニミズムのプロセスに重なる。

ところで、他力にせよ、法力にせよ、ここで取り上げた捉え方は、親鸞や道元以前に中国仏教および中国古来の思想において培われてきたものだったと思われる（玄侑 二〇一〇a：二四二－三）。以下では、他力の考えの源を探るために、老荘思想に分け入ってみよう。

## 七　老荘思想の無為自然

二世紀末から四、五世紀にかけて大乗経典がインドから中国に続々と伝えられたが、中国では当時、儒教思想が薄れて、老荘系の自由な形而上学への関心が高まっていた。玄学と清談[*6]は、従来の儒教が用いなかった『易』や、『老子』『荘子』を用いて、形而上的な「虚無」を論じた(柳田・梅原 一九九七：九五)。そうした「格義」と呼ばれる比較哲学から出発した中国仏教において、鳩摩羅什に学んだ東晋時代の僧・僧肇における般若と玄学・清談の結合は、中国仏教の最初の試練だったとされる(柳田・梅原 一九九七：一〇八)。

また、中国に伝来した仏教は、漢訳される過程で、道教の宗教哲学用語を借りたばかりでなく、その思想を取り入れたとされる(福永 一九九七：一〇五)。「仏教が中国人の仏教となるためには、つとめて道教と妥調し調和し、道教的仏教とならざるを得なかったのである」(道端 一九七一：五四六)。道教研究者・福永光司はそれを「仏教の道教化、すなわち中国仏教の成立」(福永 一九九七：一〇五)と呼ぶ。

そうした中で、「禅宗は道家的影響による道教的哲学の仏教であり、しかも専門家のもの、出家仏教、士夫仏教であるのに対して、浄土教は道教的民間信仰となって、民衆の宗教、在家の宗教、庶民の宗教となった」(道端 一九七一：五四八)。その後日本にも、それぞれの流れが伝えられた。

中国仏教では、荘子の説く「無為自然」に達するための修行が重んじられた。一切のはからいを捨てるという意味で、無為自然は、親鸞の自然法爾と同じ考えであると唱えるのは、中国思想研究者・森三樹三郎である(森 一九六九)。

森によれば、「人為のはからいをすてたところにあらわれる自然の力に、絶対的な信頼をよせる自然法爾の立場は、そのまま老荘の無為自然に通ずる」(森 一九六九：一七〇－一)。森は、自然とは人為を否定するところに現われる状態として「無為自然」を規定したのは老子であり、「日本の浄土教の中でも、とくに他力を強調し、徹底させた親鸞の場合は、老荘的な無為自然の思想が著しく現れている」（森　二〇〇三：二六五）と言う。

親鸞の自然法爾へとつながり、本章の主題である他力にもつながる無為自然とは何であるのか？　ここではそれを、「道」との関係で探ってみよう。

道可道、非常道（『老子』二〇〇八：一二）。

中国哲学研究者・舘野正美はこの老子の句を、「本当の〈道〉は、言葉で言い表すことができない」（舘野二〇〇七：一四）と解釈する。道とは言葉を用いて、思考の理屈では捉えることも、説明することもできない真実のことである。臨済僧・玄侑宗久によれば、「道とはどんな定義にも収まらない生命原理であり、全ての命がそこから出てくる」（玄侑　二〇一六a：二四）。「老子も荘子も、道とは自然（自ずから然り）に沿う在り方であり、人為を加えないもの」（玄侑二〇一六a：二七）と述べている。

福永によれば、道とは、

一切万物を一切万物として在らしめる「オノズカラ」なるはたらきであり、言葉によって説明することも知力によって認識することもできない。道は「オノズカラ然ル」ものである。「オノズカラ」というのは言知を超えているということである（福永 一九六五：一三二）。

別の言い方に置き換えれば、道とは、言知を超えた一切万物を在らしめる自ずからなる働きのことである。福永は道のことを、「真実在」とも呼ぶ（福永　一九六五：一三二）。つまり、大宇宙を巡る気の流れが命の根源であり、道なのである（五木・福永　一九九七：二〇〇）。

儒教にも「仁・義・礼・智・信」という人為的な「道」があるが、道教では「それらの人為的な道が発生する以前の道こそが本当の道である」（五木・福永　一九九七：二〇〇）。荘子によれば、道は渾沌たる非実在である。何も存在しない点で無に等しい。すなわちみな斉しい「万物斉同」であり、その斉同より万物が生じてくる（玄侑　二〇一六a：九〇）。

「道常無爲、而無不爲」（老子　二〇〇八：一七四）とあるように、天地の如く何をしようという意図もなく、季節は巡り、太陽は照って雲は雨を降らし、植物や動物が育つように、全てが不足なく爲されていくことが「無為」であり、「自然」とは人為を加えない在り方のことである（玄侑　二〇一六b：五六）。無為自然とは、現象をあるがままに感得した境地であり、未生の段階には気の流れがあっただけだとされる。そして「それが道に生じる気の流れの変化によって、集まれば個の命が誕生して生となり、生命現象が成立」（五木・福永一九九七：二〇四）する。

こうした道や無為自然という考えを育み、中国の民衆の感覚に深く根づいた道教が、合理主義をひたすら進め、生きることに困難を感じている現代人に大きな光や知恵を授けてくれるだろうと見るのが、五木である（五木　二〇一五b：一三四－六）。道教の重要性を五木は、以下のように平易な言葉で説明する。

道教で大事にする考え方のなかに、物事をきちんとしたシンメトリカルに整理していくよりは、むしろ混沌とした、割り切れないものを大切にする感覚がある。

儒教で大事にするのは、二とか、四とか、八などの、きちんと二で割り切れる数字だと教わったことがあります。それに対して道教は、むしろ三、五、七、九などの奇数、二できれいに割り切ることのできない数字のほうを大切に考える。この割り切れないというところがミソだと思います。

現実というのは、それほどきちんと割り切れるものではない。混沌のなかにあって割り切れないなかに生命力があるのだと、こういう考え方ではないでしょうか（五木　二〇一五b：一三一－二）。

道教とは、渾沌や雑然としたものの中に生命の起源を見る考え方なのである。

たとえば、自己と非自己が同時に存在する。それが道である。ふたつだけでなく、もっとさまざまなものが、同時に混在と存在している。

混在と存在しているというもののおもしろさ、そういうもののなかに、ひとつのエネルギーを見ようとする思想なのです（五木 二〇一五b：一三三）。

雑多なものが行き交う道が、一つのエネルギーの場、力の所在である。福永は、こうした五木の直観に対して、「道はすべてのものを呑み込みます。聖も俗も、貴も賤も、老も若も、男も女も、すべてを分け隔てなく呑み込んで延びているのが道です。その道すべてが根本原理であるととらえるのが道教です」（五木・福永 一九九七：一九九）と述べて、同意する。

あらゆるモノが斉しいと見る、道教でいう「万物斉同」は、前節で見た道元禅師のいう「万法すすみて自己を修証する」悟りの世界そのものであろう。それはまた、あらゆる分節が無化された言語化以前の世界でもある。さらに道教でいう気の流れ[*7]は、他力を含んでいる。それは、人間のはからいを超えた、あるがままに成立している自然法爾であり、その深層にある「力そのもの」ではないだろうか。

他力とは、このように、人間のはからいを超えた無為自然を重んじる老荘思想の影響の下に成立した中国仏教を経由してもたらされた考えであった。自力のみに頼るのではなく、あちら側からもたらされる他力を感じて、あるがままの自然を受け入れる姿勢は、ユカギールの事例でも見たように、アニミズムの重要な要素であった。アニミズムは、他力に対して自己をつねに開かれた状態にしておくことによって、駆動するようになる万物の動きを孕んでいる。

## 八　人間の力、人間の知恵が及ばない力を感じる

ところで、詩人・山尾三省は、二〇世紀にはカミ（神）や仏が狂信性や排他性で彩られ、偽瞞のシステムともなり得たために、宗教に踏み込むことは愚かであるという良識が形成されてきたことを嘆いている。だからと言って人間は、意識の究極を自覚化したいと願う生物である特徴を喪失してしまったわけではない。そうしたことをよくよく考えてみなければならない、と山尾は言う。その上で、以下のように、今日におけるアニミズムの重要性を説いている。

森羅万象に向き合う個人が、その中の一象に意味性や喜びとしてのカミを見いだし、それを他者と共有していく新しいアニミズム思想は、個人が個人でありながらそれを超えていく自由を内蔵していると同時

に、環境問題という私たちに突きつけられてある必須の課題を解決していく、小さいけれども重要な方法論でもある（山尾　二〇〇〇：三九四）。

アニミズムは、個人が個人を超えて、人間を取り巻く環境をめぐる問題にあたるための重要な方法論であると、山尾は唱える。

これに対し、梅原猛は、人類の原初文化と呼ぶべきは、あらゆるものに霊が宿り、神がいたるところにいるという思想としてのアニミズムだと言う（梅原　二〇一三：三六）。その上で、原初的文化の思想から、現在の西洋文化の思想を問うことが必要であると説く（梅原　二〇一三：三七）。「そしてそれは、人類存続の危機と言われる現代において、どうしても問われなければならない問いであるように思うのです」（梅原　二〇一三：三六）と述べて、既存の体系的な哲学の枠組みを超えた「人類哲学」を構想している。

五木もまた数多くの著作の中で断片的にではあるが、二一世紀の旧くて新しい思想としてのアニミズムに触れている。五木のアニミズム論が興味深いのは、彼の他力論につながっているからである。

二一世紀は、宗教がとてつもなく大きなテーマとして登場する時代になるだろうと、五木は見る。二〇世紀は科学と戦争の時代だったが、二一世紀が宗教の時代になるのは、全ての物事の背後に隠されている力をはっきりと見定め、確認する時代になるからだという（五木　二〇一五b：二四四）。

オリンピックの原点は、オリンポスの神々の前で人間が神々に捧げる競技をすることだった。奉納相撲や「当麻蹶速（たいまのけはや）」についても知られている。スポーツは、本来は神々に捧げる行事である。もともと仏前を荘厳するために花を生けていたが、それが巧みな僧侶がいて、教わりに来る人たちがその人を師と崇め、やがて流派ができた。活け花の根っこにも宗教的なものがある。「まつりごと」には、偉大な力に代わって人間が執り行う聖なる仕事という背景がある。大和の當麻寺（たいまでら）には大きな曼荼羅があって、かつては美声の僧侶が声色を使って、節をつけて絵解きをしていた。善男善女たちは僧侶の声に聞き入りながら、不思議な物語を楽しんだ。猿楽、狂言が神事として、村の鎮守の神に捧げられる芸であったことも含めて、芸能の原点もまた宗教だった（五木　二〇一五b：二四五－七）。

これに続けて五木は、「人間がこの地上に生きていて、そしてある種敬虔な気持ちになる、そして地上に存在しているいのち、あるいはさまざまなもの、そういうものにたいして心から謙虚な姿勢でこれにたいする、そうした気持ちをもう一度呼び起こすことが大切なのではないか」（五木　二〇一五b：二四八）と述べている。その上で、以下のように言う。

その気持ちを、アニミズムということばで軽蔑して捨て去らずに、その上にさまざまな人間的な歴史、思想、知恵というものが加わって、それが洗練されたものになっていけば、それはそれで素晴らしいことでしょう（五木　二〇一五b：二四八）。

「地上に存在しているいのち、あるいはさまざまなもの」に対して謙虚になる気持ちをアニミズムだと言って、軽蔑して捨て去るのではなく、人間の思考と行動がその上に重ねられて豊かになっていくことは素晴らしいのだということに思いを致すべきではないか、とここで五木は主張する。

重要なのは、五木が、こうした現時点の人間の努力の結晶を再評価することだけに留まらず、もう一度、アニミズムを呼び覚まして、アニミズムそのものへと立ち返ろうと呼びかけている点である。

しかし、それ以前の、なにかしら人間の力が及ばない、人間の知恵が及ばないものがあると感じ、それを感じ、それを畏れ、そしてその前で立ちすくむ、そういう気持ちを呼び覚ますこと。

それこそが、二一世紀という時代、今後の大きなテーマなのではないかと思うようになってきました（五木　二〇一五b：二四八）。

人間の力や知恵が及ばないものを感じ、言知を超えた一切万物を在らしめる、自ずからなる働きに身と心を委ね、他力に開かれてある気持ちを呼び覚ますことが、今世紀の重要なテーマなのだと、五木は言う。五木が言うように、あらゆるモノや周囲の環境との間で、日常の経験を組み立てることがアニミズムに他ならない。私たちがアニミズムを近未来に取り組むべき重要なテーマに掲げる時、アイヌの物語やユカギールの民族誌が、格別の手本となるはずである。

【注　釈】

＊1　池澤は、『熊になった少年』の「あとがき」で、トゥムンチに関して述べている。「アイヌに抗する悪しき一族がトゥムンチと呼ばれることをぼくは『静内地方の伝承　織田ステノの口承文芸1～5』（静内町教育委員会編　静内町郷土誌研究会刊）で知った。［…］ただし、トゥムンチについて知られるところは少なく、彼らが送りの儀礼を行わないという設定は僕が作ったものである」（池澤　二〇〇九：七六）。

＊2　『歎異抄』第八条に、「念仏は行者のために非行・非善なり。わがはからひにて行ずるにあらざれば非行といふ、わがはからいにてつくる善にもあらざれば非善といふ。ひとへに他力にして地力をはなれたるゆへに、行者のためには非行・非善というなり」とある。以下、梅原訳。「念仏は、これを唱える行者のためには、善でもなく行でもないのであります。行というのは、自分の力でするることですが、念仏は自分のはからいではなく、阿弥陀さまのお召しによってさせられるのですから、行ではないというのです。また、善というのは、自分の力ですることに関していうのですが、念仏は自分のはからいではなく、阿弥陀さまからさせられるのでありますから、善ではないというわけです。すべてが阿弥陀さまのほうからの働きかけでされることであります。自力を離れていま

すので、念仏は行者にとって全く行でもなく善でもない、非行・非善であります」（梅原　一九九三：一五四）。

＊3　岩田慶治は、明示的でないにせよ、アニミズムの他力に触れている。シャーマニズムは、往相と還相を有することで浄土教に似ていると述べた後に、廻向の主体たりうるのは阿弥陀仏のみであるとし、衆生の側からの自力による廻向を否定しているとして、シャーマニズムの根っこにあるアニミズムにも自力ではない力が関わっていることを示唆している（岩田　一九九三：一五一）。

＊4　「修証」の「修」は実験、「証」は証明であり、修証とは、仏法の教えとしての正しさを証明し、教えとして成り立たせているのが修行のことであるとする修行者の基本的な取り組み方を示している（南　二〇〇八：三八）。

＊5　原文を示す。「諸法の仏法なる時節、すなわち迷悟あり、修行あり、生あり死あり、諸仏あり衆生あり。万法ともにわれにあらざる時節、まどひなくさとりなく、諸仏なく、衆生なく、生なく滅なし。仏道もとより豊倹より跳出せるゆゑに、生滅あり、迷悟あり、生仏あり。しかもかくのごとくなりといへども、華は愛惜にちり、艸は棄嫌におふるのみなり」（道元　二〇〇四：四一）。

＊6　玄学は、魏・晋代に、王弼や何晏らによって進められた運動。清談は、後漢から六朝の時代に流行した談論の一形式。晋代の「竹林の七賢」の清談が知られている。

＊7　吉本隆明は、それを親鸞に即して「光」と呼ぶ。「この光みたいなものに近づいていく手段、方法が名号念仏だ、つまり言葉だと言っていると思います」（吉本　二〇一二：一一〇）。

【参考文献】

池澤夏樹　二〇〇九『熊になった少年』スイッチ・パブリッシング。

五木寛之　二〇〇五『他力』幻冬舎文庫。
五木寛之　二〇一四『杖ことば　ことわざ力を磨くと逆境に強くなる』学研パブリッシング。
五木寛之　二〇一五a『生かされる命をみつめて〈見えない風〉編　五木寛之講演集』実業之日本社文庫。
五木寛之　二〇一五b『生かされる命をみつめて〈自分を愛する〉編　五木寛之講演集』実業之日本社文庫。
五木寛之・福永光司　一九九七『混沌からの出発：道教に学ぶ人間学』致知出版社。
岩田慶治　一九九一『アニミズム時代』法蔵館。
ウィラースレフ、レーン　二〇一八『ソウル・ハンターズ――シベリア・ユカギールのアニミズムの人類学』奥野克巳・近藤祉秋・古川不可知共訳、亜紀書房。
梅原猛　一九九三『梅原猛の『歎異抄』入門』プレジデント社。
梅原猛　二〇一三『人類哲学序説』岩波新書。
浄土真宗本願寺派　二〇一六『三帖和讃（現代語版）』本願寺出版社。
玄侑宗久　二〇一〇『荘子と遊ぶ――禅的思考の源流へ』筑摩選書。
玄侑宗久　二〇一六a『荘子』NHK出版。
玄侑宗久　二〇一六b『ないがままで生きる』SB新書。
荘子　二〇一七『荘子　全現代語訳　上』池田知久訳・解説、伊講談社学術文庫。
舘野正美　二〇〇七『老荘の思想を読む』大修館書店。
道元　二〇〇四『正法眼蔵（一）』全訳注・増谷文雄、講談社学術文庫。
中沢新一　二〇〇二『熊から王へ』講談社選書メチエ。
中村昇　二〇一九『西田幾多郎の哲学＝絶対無の場所とは何か』講談社選書メチエ。
中村元　一九八九『東洋の心を語る10　山色清浄身』NHKサービスセンター（CD）。
西田幾多郎　二〇一九［一九五〇］『善の研究』岩波文庫。

福永光司　一九六四『荘子――古代中国の実存主義』中公新書。
福永光司　一九九七『タオイズムの風：アジアの精神世界』人文書院。
藤田正勝　一九九八『現代思想としての西田幾多郎』講談社選書メチエ。
道端良秀　一九七一「中国仏教の道教的展開」『印度學佛教學研究』一九(二)：五四四‐四九、日本印度学仏教学会。
南直哉　二〇〇八『『正法眼蔵』を読む：存在するとはどういうことか』講談社選書メチエ。
森三樹三郎　一九六九『「無」の思想――老荘思想の系譜』講談社現代新書。
森三樹三郎　二〇〇三『老荘と仏教』講談社学術新書。
柳田聖山・梅原猛　一九九七『仏教の思想7　無の探求〈中国禅〉』角川ソフィア文庫。
山尾三省　二〇〇〇『アニミズムという希望　講演録・琉球大学の五日間』野草社。
吉川英治　一九八九『吉川英治歴史時代文庫17　宮本武蔵（四）』講談社。
吉本隆明　二〇一二『吉本隆明が語る親鸞』糸井重里事務所。
頼住光子　二〇一四『正法眼蔵入門』角川ソフィア文庫。
老子　二〇〇八『老子』蜂屋邦夫訳注、岩波文庫。

# 第五章
# アニミズム原論——《相依性》と情念の哲学

清水高志

扉写真　タイ・アユタヤにあるワット・マハータートの仏頭。提供：Shutterstock

## 一　無始無終の世界

アニミズムは原初的な信仰であるといわれることがよくある。人類にとって最初からある信仰の形態、そしてずっとのちの高度に発展した仏教の根底にもやはり色濃く残っている宗教的体験のありかた、それがアニミズムだというのも、あながち間違いではないだろう。しかし《はじまり》や《永続性》をそこに見出そうとするのは、事実の反面に過ぎない。――『リグ・ヴェーダ讃歌』において、テトラレンマが最初に語られたのは、「宇宙開闢（かいびゃく）の歌」においてであった。すなわち、かのはじまりの時には、有もなく無もなく、死もなければ、不死もなかったとそこでは歌われていた。この世の《はじまり》を問うなかで、有と無、生と死についての四句分別がすでに意識されていたのである。――このことは、根源的な問いとしての二項対立を、別種の二項対立に置き換えて思考する人類の営みの、むしろ常態的なありかたを如実にしめしているだろう。

トライコトミー trichotomy 論において、「主体／対象」、「一／多」といった複数の二項対立を組み合わせることによって最終的に見出されたのは、いたるところに中心と周縁があり、それらがどこまでも可逆的な網の目状の世界、包摂（外）がまた被包摂（内）でもあるような拡張的モナドロジーの世界であった。《はじまり》も《終わり》もない無始無終の世界を考えるために、あえて状況論としての主客混淆の状態が「主体／対象」、「一／多」という二項対立によって考察され、アトミズム的な構成の方向づけが否定される必要があったのである。――そこにおいてようやく、無数の結節点をもつ網の目状の世界が、世界観そのものへと上向することとなり、一即多、多即一の世界が開現する。もっとも根源的なテトラレンマは無始無終であって、そこにおいて主客混淆の部分的状況の繋縛から逃れた端的な主体もあり、対象――これはもちろん自然である――そのものもある。

この自然との出会い、繋縛を離れた自由な自己との遭遇が、アニミズムという宗教的体験の意味するところである。道元はその境涯を、「われを排列しおきて尽界（全世界）とせり」（増谷 二〇〇四：二五三）と表現した。無始無終ということは、生命と生命が捕食し、捕食される世界、人類とさまざまな非人類が目まぐるしくその立場を入れ替える、その意味での主客混淆の世界――仏教的にはこれは、輪廻の世界でもあろう――にあっては、その繋縛からの離脱を通じて、自己と自然をともどもにふたたび肯定するための要請でもあった。第一章にも現れたアニミズムのさまざまな儀礼や神話的思考が表現する、その宗教的感情の帰趨もここにある。その土地に生まれ、枝を伸ばし、その土地で葉を散らして生命を終える一本の巨木にも、無始無終がある。アニミズムとはその啓示である。あるいはそれが自然の、自己そのものの端的な開現であることの、個がまた全世界でもあることの、歓喜に満ちた肯定こそが、あらゆる宗教の種子であり哲学でもあるアニミズムの実態であった。

このような立場から見るならば、「主体／対象」、「一／多」という二種類の二項対立が組み合わされた主客混淆の状況は、第三レンマまでをしか実現していなかった。しかしそこを経由して、「内／外」（被包摂と包摂）という二項対立が連鎖的に調停されるようになると、それらの両極のいずれにも一方的に還元されないというかたちで、無始無終の第四レンマが明確に実現し、先の三種の二項対立のいずれもについてそれが成立し、しかも第三レンマまでとの対比で言えば、端的な主体や対象、端的な一と多（この場合、むしろ全）もこれによって明らかになったのである。

## 二　日本のポストモダン

こうした複数の二項対立の組み合わせ操作が慎重を要することは、人類学においても哲学においても二〇世紀後半に盛んに語られたポストモダンの議論がどのようなものであったかを想起すれば、逆に一層明確になるだろう。西洋的主体とその文明、それに対する外部的な他者という二元論的な価値観を相対化することが、この時代にはさまざまなかたちで叫ばれたが、こうした議論においてもすでに複数の二項対立――「主体／対象」、「内／外」（被包摂と包摂）――が、比較的不用意にすでに強く結びついたあり方で現れていたのである。主客二元論の外部、現代のメイヤスーの表現を借りるなら「主客の相関性の外部へ」といった論点がそこではしきりに強調されたが、たとえば西欧文化からみた他の文化を外部的な対象とみるだけでなく、西洋文化に身を置きながらもそこからも外部的であるような視点をもった者が、さまざまな文化を相対的に捉えるのだとされた。[*1] それゆえ「ある文化の内にあっても外部にもいる」といった「内／外」、「主体／対象」の第三レンマ的な調停が特権的な視座のあり方として最重視されたのである。

この頃、わが国の思想系ジャーナリズムにおいて、「内でもあり外でもある」構造を説明するためによく用いられたのが「クラインの壺」というモデルである（浅田　一九八三：二三六）。たとえば商品と貨幣の関係のように、多様な商品とその交換関係の体系は全体としてある価値形態を織りなすが、そのうちでは、貨幣は交換されるものとして何らかの価値形態の「内」（オブジェクト・レヴェル）にある。しかし同時に、それら交換体系としての価値形態が個々の商品の値打ちの変化によって変動する――相対化される――としても、貨幣自体は一貫して同じものとしてそれらの価値形態を俯瞰する位置、つまり「外」（メタ・レヴェル）にもある、という二重の構造が、内部と外部が連続的につながった形状を可視化するモデルとしての「クラインの壺」を引き合いに語られるのである。

こうした「内／外」のなし崩し的な相対化の議論は、実際のところこれは外部的なものを同じ内部に回収するだけのモデルなのではないかという疑念を、抱かさずにはおかない。ポスト構造主義の時代にしばしば

図1　クラインの壺モデル

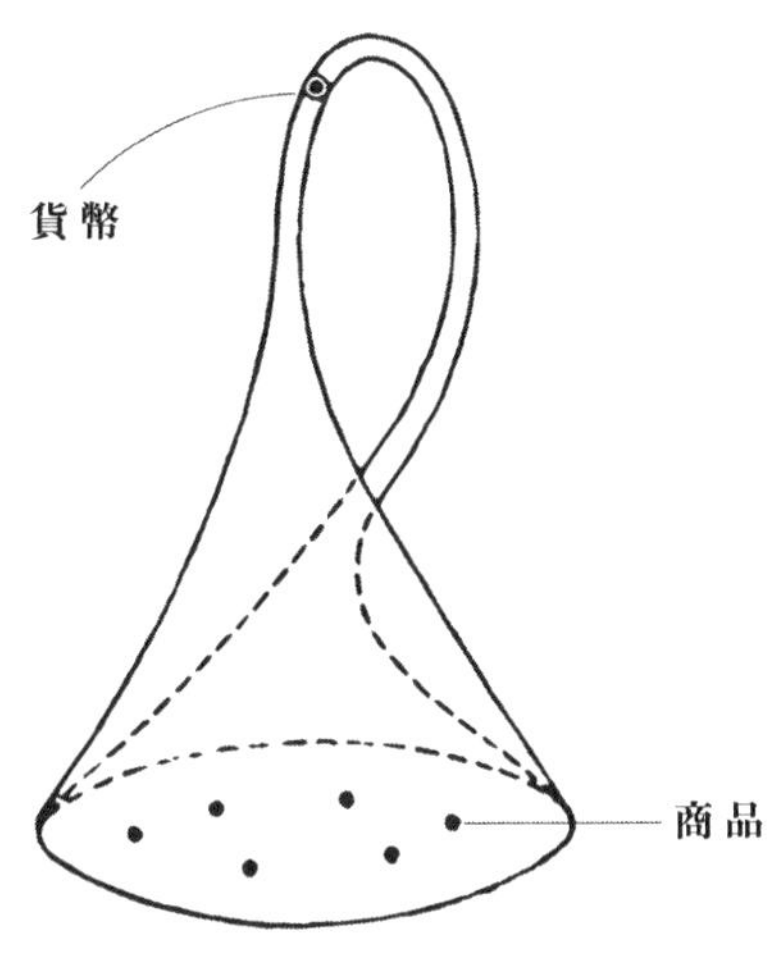


強調されたのは、この「クラインの壺」においては、実際には「外」（メタ・レヴェル）はもはやおなじ「内」（オブジェクト・レヴェル）に戻ってくるのではない、これは同一構造への回収ではなくて分散と差異化のモデルであって、そしてその差異化によってまさに相対化がどこまでも展開されるのだ、という主張であった。*2

ポストモダン的文化相対主義と、差異化という主題が、かつて批評理論などにおいて鼓吹されたのは、実態としてこのように「内／外」、「主体／対象」という二項対立がまず結びつき、そしてそのあとに、差異化、多元化という「多」の問題が、どこまでも——未完のままで——追求されるべき課題として残された、という背景によるものである。マリリン・ストラザーンが人類学について述べたように、ポストモダンである再帰人類学における結果としてこの種の文化相対論は、扱われる文化対象を細分化し、断絶させ（ストラザーン 二〇一五：九八－一〇三）、政治思想としてもある種の態度保留とオポチュニズム以上のものを残し得なかった。

トライコトミー trichotomy 論の観点からすると、実際のところすでにここには三種類の基本的な二項対立が姿を現している。つまり、「一／多」という二項対立よりも先に「内／外」が「主体／対象」に短絡したために、「一がまたすでに多でもある」というかたちで「一／多」関係が収束せず、結果として「多」がどこまでも完成することのない課題となり、それと連動するように「内／外」、「主体／対象」の二元論も――なし崩し的に同じになるようでありながら――端的に調停されるということがなく終わってしまったのがポストモダン的な相対論なのだ。こうした相対論は、結果として語られる文化領域を空間的に断片化しただけでなく、時間的にも分断した。その結果人類の文化そのものが、二〇世紀後半以降の私たちには根底から分らなくなったのである。このことは、トライコトミー trichotomy から初期仏教の理論の背景にある衝動へと遡行し、さらにその背後にあるアニミズムの可能性へと再帰しようとするわれわれの今日の立場からすると、驚くほど明白である。複数の二項対立の操作についてほんの少し思い至らなかったために、いくぶん的外れな西洋文明の批判が行われ、非西洋の文明的ルーツを持つわれわれまでがそうした視座における西洋文明の相対化をしか目途としえず、みずからの文明の独自性を完全に喪失したのが晩近の日本人であった。

## 三　網の目状をなす「全体」――マンダラとしての宇宙

さて、「主体／客体」、「一／多」についてはすでにその両極の端的な現れがトライコトミー trichotomy 論の立場から明らかになった。では、「内／外」（被包摂と包摂）という二項対立についてはどうであろうか？

この場合端的な包摂、被包摂が単純にいわれるだけだと、ともすれば非可逆的で一方的な構造が生まれてしまう。それゆえここでも、「一／多」という二項対立との結びつきが重要になる。つまり、端的に包摂するものはたんに唯一の「一なるもの」として包摂するのではなく「多なるもの」として包摂するのでなければならず、端的に包摂されるものもただ「多なるもの」として、同質的なものたちとともに包摂されるのではなく、端的な「個」（一なるもの）のまま、他のものからの独立性を持ちながら包摂されねばならない。つまり、さまざまな可逆性を担保するために、「内／外」（被包摂と包摂）は「一／多」という二項対立と結びつかねばならず、その結果として、網の目状の「全体」が結節点的な「個」を端的に包摂するし、「個」もそこで端的に――特定の包摂プロセスの一段階としてではなく――包摂されるということになるべきなのだ。

ところで「内／外」（被包摂と包摂）の二項対立が、このように調停されるということは、他者の文化、異文化をいかに理解するかという人類学の根本的な課題にとっても、間違いなく重要な示唆を与えるに違いない。研究対象となるフィールドを外在的に眺めるだけではなく、いかに内部にあって参与的観察をおこなうか？　――ある文化の「柄」のうちに確かに内在しながら、しかもそれを超えた普遍的な人類文明の「地」をも眺めるかということは、これまで本書でたびたび名前が挙げられてきた岩田慶治にとっても、その出発点となる重要な問題意識であった。

もともと地理学の研究者であった岩田が、一九世紀の偉大な博物学者で地理学者、冒険家であるフンボルトの『コスモス』に、強く惹かれたことはよく知られている。このフンボルト晩年の書物は、気候や玄武岩の成因や植物の垂直分布など、地球上のあらゆる現象を綜合し、そこに「美的統一体」を見出そうとした畢生の大著であったが、しかしフンボルト自身にとっては、最終的には満足のいくものではなかったらしい。――それはなによりも、そこで詳細に描かれたものが、結局は対象として見られた限りでの世界の全体像であるに過ぎず、そこにはフンボルト自身もいなければ、そこで内在して生活する人々があって始めて生まれてくる営みの意味や、モノや自然と主体どうしの濃厚な働きから生まれる文化の躍動そのものがなかったからである。つまり、主客二元論的にみられた限りでの対象＝自然の、「対象」の側をひたすら「多」にしただけでは、対象＝自然を捉えることはできなかったのだ。全体としての、美的統一体としての世界、《コスモス》は、その意味でいまだ典型的な近代の枠組み――《「主体／対象」／「一／多」》という組み合わせに留まっていたのである。

こうした意識から、あえて岩田は人間という要素を内部に織り込んだ地域研究である、文化人類学へと方向転換した。対象を外在的に眺める、ラトゥールから見ればモダン（近代）の科学そのものである博物学と地理学から、主客の相互でのやり取りを含み、しかもそれを俯瞰する視野をもった学問へと移行したのである。ラトゥールと岩田がそれぞれに辿った進展を踏まえて逆に言うなら、ANT的な対象世界へのアプローチは、もともと人類学がおこなってきた参与観察のうちに潜在的に含まれていた。さらには、そこで参与観察される人々の対象や自然との関わり方のうちにも、すでに含まれていた。ラトゥールはその方法を手離すことなく、科学だけが異なった方法でその対象を扱っていると主張されたあらゆる領域をも、その観察対象のうちに包摂したのである。それらの学問は実際のところ、限られた領域をただ扱っているだけでなく、世界の全体へと溢れ出そうとする欲望をもっている。そしてこの欲望が、アニミズムそのものにも共通するものであるならば、トライコトミー trichotomy 論が理論化し哲学的に考察するのも、まさしくそうしたものでなければならない。

ところでこの岩田が、フンボルト的な世界の全体としての《コスモス》と対置される全体概念として、しばしば《マンダラ》というものについて語っているのは――もちろん、あくまでもそのイメージではあるが――きわめて興味深い。近代的な主客二元論《「主体／対象」／「一／多」》というあり方とはことなる全体概念である《マンダラ》は、彼によればしばしばちっぽけな庭のような、ごくささやかな風景のうちにみずからを啓示するのだという。

縁側の椅子に座って、この庭を見つめる。そうすると、ここにもコスモスが見えてくる。一つの庭宇宙（コスモス）が誕生するのである。

今度は椅子から立ちあがって、庭のまんなかに歩みでる。白木蓮か、タイザンボクの傍に並んで立つのである。そうすると、そこが庭マンダラになる。

コスモスは見られ、鑑賞された美の宇宙である。マンダラは観察者が行為者になり、そのなかに歩み入ったときに成立する動の宇宙である。いかにその光は乏しくても、そこに歩み入るわれわれ一人一人が大日如来の分身なのである。そのとき、自分と木、自分と石、自分とネコの境界が消える。その光の知がマンダラを覆いつくすのである（岩田 二〇〇五：七八－七九）。

「見られ、鑑賞された美の宇宙」である《コスモス》に対して、《マンダラ》はその庭のまんなかに観察者が歩み入って「観察者が行為者に」なったときに成立する、「動の宇宙」なのだと岩田は述べる。観察者が内在し、身近なその庭のタイザンボクの傍に「並んで立つ」とき、たとえば道元が身心依正（しんじんえしょう）のあり方として描いた、主客混淆の世界が現成する。――もちろん、人類学における参与観察であれば、ここで多くの人々の働きが媒体としてのモノを巡って記述されることになる。《「主体／対象」／「多／一」》の世界は、《庭マンダラ》のような小さな、局所的な世界を彩る「柄」であるが、そこに無始無終という第四レンマの世界が啓示されるとき、それがそのまま世界全体としての《マンダラ》という「地」へと繋がっていくというのだ。

とはいえ、あまり結論を急ぎすぎてはいけない。すべてがただ現前し、扶け(たす)あって相互生成し、拡張していくことだけがこの世界のあり方なのではない。第四レンマ的な世界の全体と、《庭マンダラ》的な日常生活の場とのあいだには、大きな隔絶や飛躍があることもやはり確かである。人間と非人間のあいだに、食い＝食われる、殺し＝殺されるような抜き差しならない関係が生じることも、この世の常である。そうした相互否定や、非現前は、アニミズムの思考にはどのように映るのか？　またそこで働く情念とは、いったいどのようなものなのであろうか？

## 四　是身非有　痛自何来

『正法眼蔵』の「一顆明珠(いっかみょうじゅ)」で、道元は宗一大師としてのちに知られた玄沙師備(げんしゃしび)の若き日の有名な逸話を紹介している。かつて釣り人であった師備は、唐の咸通の初年（八六〇年ごろ）に仏道に志した。舟を捨てて山に入り、雪峰山にのぼって真覚大師に師事し、日夜修行にいそしんだという。

あるとき師備は、あまねく諸方の善知識を訪ねようと思い立って、頭陀袋をたずさえて山を降りた。このとき足の指を石にぶつけて、流血し激痛をおぼえたが、忽然として猛省して、「是身非有　痛自何来」（この身は有ではない、ならこの痛みは何処からくるのか？）と言った。そして山へと帰っていったという。『景徳伝燈録』にも登場するこのエピソードは、一見するとよくある、ふとしたきっかけで禅の本質についての重要なヒントをつかんだ人の物語であるかに思われる。しかしここで経験されていることは、尋常ではない。戻ってきた師備を見て、師の雪峰は驚いてこういう。

雪峰「頭陀袋など用意して、どうしようというのだ？」
師備「ついに敢えて人を誑かさず。」
雪峰はこの言葉をことのほか愛し、さらに問いかけた。
雪峰「頭陀袋を用意して、なぜ遍歴の旅をしないのだ？」
師備「達磨は東へやって来ませんでした。二祖（慧可）はインドには行きませんでした。」（増谷　二〇〇四：六二―六三）[*3]

この問答は何を意味するのだろうか。ここで語られているのは、《来るのでもなく、去るのでもない》と

師備による問答を描いたとされる《玄沙接物利生図》。
京都国立博物館所蔵

いう、『中論』でナーガールジュナが挙げた八不のうち、「不来不去」の問題と結びついた何かである。ただし、ただ《来るのでもなく、去るのでもない》というのでは、古代ギリシャのエレア派のような運動否定と紛らわしいので、ここではそれを無始無終の意と解することにしよう。すると師備は、足指をぶつけて流血した激痛が、「何処から来るのか?」と自問したとき、おそらくこの無始無終ということについて、根源的な体験をしたのだということになる。

日常的に考えれば、足指をぶつけた痛みは、《石》から来ているし、《この身》も存在している。だが師備がこのように自問した背景には、この痛みにまつわるわずかなタイムラグがある。彼はもはや、《石》から足を引いている。原因であるはずの《石》と、師備という主体との関係ではもはやないのだ。流血はたしかに続いている、しかし同じように刃物で切って血を流したとしても、このじんじんする激痛はおそらく来ないのである。

師備がここで出会っているのは、過ぎ去っていいはずの痛みが、繰り返しあらたに襲ってくるという、誰もが経験したことのある事態である。ここにおいては、すでに痛みの原因は現前していない。苦しみの機縁という観点から見るならば、十二支縁起の順観でいう「Aがあるから、Bがある」という流れは、そこでは成立していない。にもかかわらず、何らかの存在論的位相においてその痛みは「ある」。そのあり方とは何だろうか？　というのが、ここで師備の思考によぎった謎であろう。

環境と自己の混淆、ラトゥール的な主体と対象の相互生成の状況については、私たちはそれを第二章ですでに検討した。そしてそのような状況論においても、すでにアトミズム的な構成の方向づけが崩れるのであれば、中心的な媒体としての対象と、それをめぐる複数の主体的アプローチによる循環的な相互生成を超えて、そうした中心を複数の結節点としてもち、さまざまな可逆的な働きの集まりとしてある、諸科学の網の目状の全体といったものが考えられるのでなければならないだろう。――しかしながら、こうしたサイエンスの網の目状の総体、それらの総体における相互生成と拡張の局面のみが、世界の全体なのではない。ほとんどは、師備が感じた足指の激痛のような、非現前でありながらしかも繰り返し襲ってくるなんらかの情念や、ありとあらゆる一過性の出来事なのではないだろうか？

手や足を切断された人が、切断されたはずの手足の激しい痛みを覚える幻肢痛という現象がある。足指にぶつかる「石」なくして襲ってくる痛みは、師備にとってこの幻肢痛と同じくらい奇妙なものと思われたに違いない。「是身非有　痛自何来」（この身は有ではない、ならこの痛みは何処からくるのか？）という独語が、そのとき口をついてでた。すでに現前していない「この身」に由来する痛みとは一体何なのか？

すでに見たように、世界の全体構造として無始無終ということが言われるのであれば、それこそがまさしく、「Aでなく、かつ非Aでもない」というテトラレンマの状態を表わしていることになる。こうした命題は「～である」という、状態にまつわる久遠の真理を言いあらわしたものである。そしてこれが語られるために、限定された状況における「主体／対象」、「一／多」、「内／外」といった二項対立が組み合わされる必要があった。[*4] 釈迦仏教においても、不常不断（存在は永続するわけでもなく、断滅するわけでもない）というテトラレンマは、離二辺の中道というかたちで、すでに強調されていた。

他方で、もう一つ原始仏教において説かれたものが十二支縁起であり、その順観、逆観（還滅門）と呼ばれるものである。これは、「Aがあるから、Bがある」（順観）「Aがなければ、Bがない」（逆観）という関係を順繰りに辿っていくものであり、煩悩がいかなる機序をたどって増大し、人間が苦の世界を生きるようになったかという、仏教における情念の心理学である。無明から老死まで、十二支縁起の順観で語られていることは、それじたい迷妄の展開の喩えに過ぎない。そもそも生と老死がまた無明へと繋がる無限の循環がそこでは想定されていた。還滅門はそれを逆転するものである。そしてこれらはまた、「〜がある」、「〜がない」という、一過性の出来事について語ったものでもある。とはいえ、この世のほとんどの事象は、むしろこうした出来事と情念の世界において生起する、と言っても過言ではないであろう。

先述の三つの根源的な二項対立「主体／対象」、「一／多」、「内／外」とその組み合わせは、こうした出来事の次元においてもやはり成立する。たとえば「対象／主体」、「一／多」というかたちでの組み合わせが、循環的かつ拡張的に「対象があって主体がある」「一があって多がある」という相互生成を生みだす状況が、ラトゥールがANTにおいて扱ったサイエンスというものの局面である。そしてこの観点をさらに推し進めれば、諸科学はここに「内／外」（被包摂と包摂）というバイナリーを組み合わせた、網の目状の全体として成立する、ということができるだろう。[*5]

「〜がある」という順観の局面は、十二支縁起においては煩悩と情念の増大をしかもたらさなかったが、実際のところサイエンスはこの形態において展開し、拡張していく。とはいえ問題は、「AがなければBがない」という逆観（還滅門）[*6]について考えることに、いかなる意味があるかということである。原始仏教の思考では、これは煩悩を寂滅させるプロセスであり、戒律や修行もその観点から推し進められることになる。だが、「〜がない」ことの連鎖は、そこまで人為的な努力によってしか成りたち得ないものなのだろうか？　むしろ、ほとんどの出来事はやがては過ぎ去ってしまうのではないのか。しかし、その過ぎ去ったはずのものが、無始無終の構造のうちに回収されるのだとしたらどうであろうか？

師備が感じた足指の「痛み」の、存在としての位相とそのリアリティーも、まさしくここにある。その痛みは無始無終の世界からくる。そしてその他のあらゆる苦も、情念も、叶えられることのない思いも、むしろ「Aがなければ、Bがない」という還滅門の世界を、われわれの前に開くものなのではないのだろうか？

大乗仏教の発生の根源には、縁起という概念の非常に抜本的な再解釈がある。もともと十二支縁起では、「無明があれば行があり、行があれば識があり、識があれば名色があり……」といった風に十二の要素が列挙される。こうした個々の要素を重視するのであれば、そこからアビダルマ仏教などの初期仏教が探究した情念の心理学、情念の拡張局面の分析、その精緻な体系化が生みだされることになるだろう。しかしながら驚くことに『中論』では、ナーガールジュナが冒頭で八不を語った帰敬序のあと、第一章において縁起について四句分別を挙げ、それをことごとく否定してしまう。「もろもろの事物は①みずからを原因として起こるのでもなく、②他を原因として起こるのでもなく、③みずからと他の二つによって起こるのでもなく、④無因によって起こるのでもない」ということが、いきなり宣言される。そして続けて初期仏教が縁起について考察したさまざまな関係がすべて、戯論として帰謬法的に退けられてしまうのだ。

ナーガールジュナにあっては、十二支縁起において重要なのはそこで語られる十二の要素ではない。「Aがあるから、Bがある」というその関係なのである。そしてこの場合のBは、①みずから（B）を原因として起こるのでもなく、②他（A）を原因として起こるのでもなく、③みずからと他の二つ（AとB）によって起こるのでもなく、④Aによって起こらず、かつBによって起こらないのでもない。一体どういうことであろうか？

パルティア系の僧侶で唐代に活躍した、嘉祥大師吉蔵は、『三論玄義』という書物において、『大智度論』巻三二でのナーガールジュナ（龍樹）の議論を引きつつ[*7]、この四句分別がどうしてすべて不可になるのかを実に明解に説明している（吉蔵 一九四一：四一）。それによると、まず縁起が②他を原因として生じるとすれば、その他にもさらに原因が求められることになって無窮（無限遡行）になる。そこで①他によらずして（みずから）生じるとするならば、縁起そのものがいらなくなってしまう。それゆえこれは結局のところ無因論④であり、これらはいずれも不可だというのである。

ならば、みずからと他の二つ（AとB）によって起こる③であっては、何故いけないのか？ 問題は、A、そしてBといった、それぞれの要素に原因を帰することじたいが不可なのである。もちろんAでなく、かつBでない、といったかたちでの無因であってもよくない。重要なのはそれらの要素（もしくは項）でなく、それらの関係でなければならない。しかも、それが無窮（無限遡行）にならないためには、その関係がひとつの方向をもったプロセスになるのではなく、回帰するかたちにならねばならない。言い換えれば、可逆的で無始無終のテトラレンマ的な構造を、縁起じたいが持たねばならない。

図2

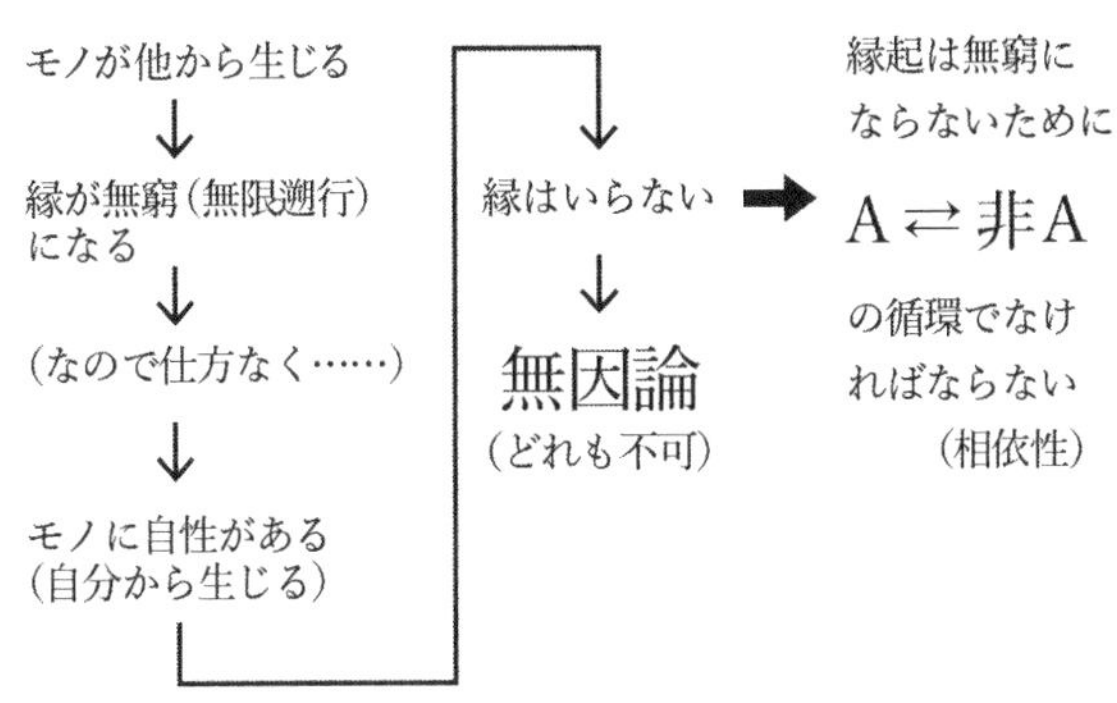


つまり、八不のような根源的な二項対立と、それらを通じて浮かび上がる無始無終の世界こそが真であるなら、それを振り出しに戻してしまうような四句分別は成立しない。その原則をまず十二支縁起にナーガールジュナは適用し、縁起の思想が、そもそもそこで語られる有限の要素（項）やそれらの複合、もしくは相互作用に原因を帰したり、帰さなかったりするものではないという確信を得るのである。――むしろ、それらの要素（項）は縁起の思想を残すためには、括弧に入れられねばならない。それらの要素（項）によって増幅されるのが情念であるならば、その拡張局面を鮮やかに裏返す、別の関係がここで洞見されねばならない。そして還滅門の思惟こそが、それらの要素（項）をまさに消していくことそのものだったのであり、十二支縁起は還滅門の展開のためにこそ考えられたのだ、ということを彼は直観したのに違いない。

こうした観点に立てば、「Aがなければ、Bがない」という推論は、AからBへの順序ではない。これらは、直接ではなく複数の項を経て幾つかのステップを踏むにせよ、相互に回帰する可逆的関係となる。要素(項)を括弧に入れるのであれば、これを「〜がなければ、〜がない」といったかたちで表記することも可能であろうが、むしろ「Aがなければ、非Aがない[*8]」、そして「非Aがなければ、Aがない」といった表記がより適切であるだろう。八不という根源的なテトラレンマを先に掲げたことによって、ナーガールジュナにとって縁起はこのようなものとしてしか成立し得なくなった。

この「Aがなければ、非Aがない」、そして「非Aがなければ、Aがない」という構造は、縁起にまつわる《相依性(そうえしょう)》というあり方として、それが大乗仏教において登場したということ、そしてその後の仏教思想の発展に甚大な役割を果たしていることは、近代の仏教学者[*9]もすでに認めるところである。しかし、離二辺の中道や十二支縁起といった議論から、どのような理論的必然性をもって、縁起を《相依性》という関係のうちに見るという思考が、疑い得ない確信をともなって生まれてきたか、その哲学的な根本義を解明し言語化するところにまでは、いまだ至らなかったのである。

さて、このように縁起が《相依性》のもとに捉えられるというとき、一体何が起こるのか? 「Aがなければ、非Aがない」、かつ「非Aがなければ、Aがない」という構造のもとにのみ縁起を捉えることは、もはや十二支縁起で語られたそれぞれの要素(項)を括弧に入れたうえで、その構造そのものがあ

図3

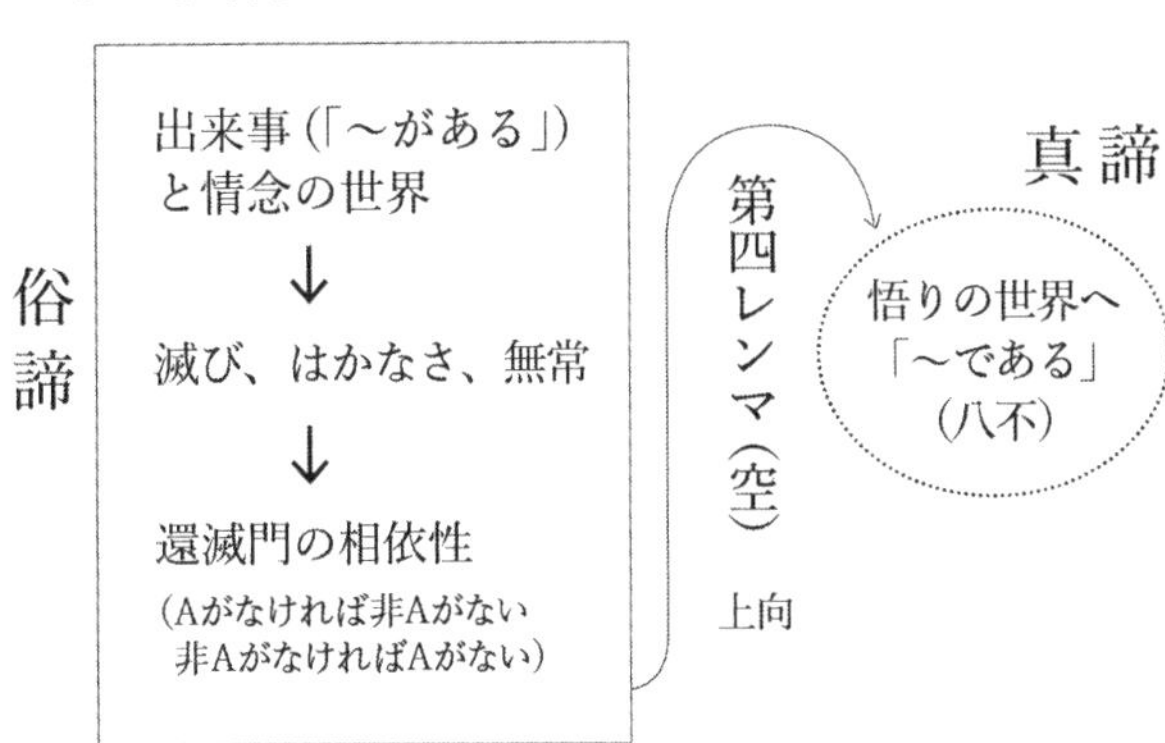


らゆる事象のもとで見出される、ということを意味している。そして「Aがなければ、非Aがない」、かつ「非AがなければAがない」は、原因をAにも非Aにも一方的に帰さないという意味では、まさに第四レンマなのである。つまり原因がAでも非Aでもある、たとえばそれらの相互生成的な循環であるならなんらかの第三レンマだが、Aと非Aの双方に原因を還元しないことによって、精確にその否定的な裏返しになっているのだ。十二支縁起の順観から逆観(還滅門)への移行を、まさにそのような構造的反転として展望したのがナーガールジュナであった。しかも『中論』では、「集合体(蘊)とその構成要素」や、「もろもろの縁とその結果」や、「つくられたものとその原因」などについて、それぞれその両者が《相依性》においてあることが、きわめて執拗かつ丹念に考察されているのである。

テトラレンマが成立し得る条件は、「〜である」という真理の位相においては、ごく少数の根源的な二項対立に絞られていた。そして「〜がある」という出来事の位相においても、その順観に立って初期仏教が発展させた議論の一切を、ナーガールジュナは戯論（けろん）として一掃し、[10]《相依性》という構造においてのみ成立し得るものとして、そのあり方を絞り込んでいった。しかし還滅門の《相依性》においてあるものは、むしろこの世のあらゆる事象であり、そこでの出来事、そこでの情念——あるいは師備を襲った激痛のようなもの——、そこでの煩悩である。そしてそれらの一切が、驚くべきことにそのまま第四レンマの世界へと上向する通路が開かれているのだということ。これこそが、大乗仏教の、釈迦以来の仏教そのものの、救済の思想の根源的な核心なのである。[11]

こうした《相依性》においてある状態、その可逆的で普遍的なあり方においてあることを、仏教では《空》であるという。「是身非有　痛自何来」（この身は有（ゆう）ではない、ならこの痛みは何処からくるのか？）と師備が自問したとき、この有ではない「この身」とは、まさしく《空》における「この身」であろう。では《痛み》はどこから来るのか？　第四レンマの、無始無終の世界からであるはずだ。師備は言うであろう。達磨はわざわざ東へ来たりはしなかった。二祖（慧可）もわざわざインドまで行かなかったと。西から東へも、東から西へもない。彼は頭陀袋を背負ったまま雪峰に還り、そしてまた師にまみえるであろう。

## 五　尽十方世界、是一顆明珠

この出来事の世界、情念や煩悩の世界、あるいは山河そのもの（俗諦）が、そのまま久遠の悟りの世界（真諦）、第四レンマの世界への通路となっていること。そればかりか、さまざまな根源的な二項対立を超えて、出来事としての躍動そのままに、それがそのまま真理の世界を生みだしていること。——師備も、またそれを受けて道元も、一つの経験、一つの出来事から、全世界、十方世界のことごとくがそうした真理の世界であることを、味わいつくそうとする。経験が、情念が、全世界が真理の世界として現れること、ここまで普遍化されたとき、仏教はそれが発生した歴史上の始まりをすら超えて、アニミズムそのものへと道を開いた。そこで起こった《出来事》、そこで最終的に肯定されるすべてのものの別名が、《アニミズム的なるもの》なのである。

「尽十方世界は、これ一顆明珠（この明るく輝く一つの珠）である」（道元　二〇〇四：六三－六四）これは、師備の言葉である。この「一顆明珠」を、いかなる角度からも眺め、語ることができるのでなければならない。道元はまさにそれを実践してみせる。

いま道取する尽十方世界、是一顆明珠、はじめて玄沙にあり、その宗旨は、尽十方世界は、広大にあらず、微小にあらず。方円にあらず、中正にあらず、活潑々にあらず、露廻廻にあらず、さらに生死去来にあらざるゆえに生死去来なり。恁麼のゆゑに、昔日曾此処去にして而今従此来なり、究弁するに、たれか片片なりと見徹するあらん、たれか兀兀なりと撿挙するあらん。

尽十方といふは逐物為己、逐己為物の未休なり。情生智隔を隔と道取する、これ回頭換面なり、展事投機なり、逐己為物のゆゑに未休なる尽十方なり。機先の道理なるゆゑに機要の管得にあまれることあり。（道元　二〇〇四：六七）*12

（いま述べる「尽十方世界、是一顆明珠」は、玄沙がはじめて語ったものだ。その趣旨は、十方世界のことごとくは、広大でも微小でもなく、四角くも丸くもなく、どちらにも偏っていないのでもなく、生気に満ち溢れているのでもなく、明々白々というのでもない。さらに生死でも来たり去ったりでもないがゆえに、生死去来である、というものだ。そんな風であるから、過去はかつてここを去ったのでありながら、今ここより来る。つまるところ、誰も一つ一つ分けて見切ることはできないし、ずっとああだと挙げて言うこともできない。

尽十方とは、物を遂っておのれとなし、おのれを遂って物となす、その究まりのない働きのことである。

情念が生まれると知とは隔絶するが、その隔絶をこそ語り尽くす。これが頭を巡らせ面をかえる一大転機であり、これが事を展べ、機に投ずることであり、*13 それこそがおのれを遂って物となすがゆえに究まりのない尽十方なのだ。このことは、いまだ機を発する以前の道理なので、機のかなめを押さえるのにあまりあるのである。）

「逐物為己、逐己為物（物を遂っておのれとなし、おのれを遂って物となす）」その究まることのない働き、それが尽十方であると道元はいう。主体と対象が循環的に相互転換する世界、そして「〜である」といういかなる定義づけであれ、それに包摂されるにとどまらない世界、生死や去来という二項対立を超えた第四レンマであるがゆえに、端的に生死でも去来でもあるもの、こうしたものが、「明るく輝く一つの珠」としての、「尽十方界」である。

そしてそうであるがゆえに、過去はかつてここを去ったが、いまここより来る。無始無終であって、不来不出である。さらにまた、「情生智隔を隔と道取する（情念が生まれると知とは隔絶するが、その隔絶をこそ語り尽くす）」、これこそがまさに情念を、久遠の真理の世界からはかけ離れたものを、還滅門において語り尽くす、表現するということであるに違いない。この表現は、世界そのものが還滅門における情念としてみずからを表現するということでもある。――またそれは俗諦から真諦への上向という文字通りの一大転機であって、そうした表現として事を展開し、機とぴったり一致するときに、それこそが対象によって主体を作り、主体によって対象を作る働きが休みなく働いて生みだした全世界そのものである、というのだ。

道元は、師備の「痛み」の経験、その情念が、たしかに過ぎ去ったものでありながら今ここに到来するものでもあること、そしてそれじたい還滅門において表現されるとき、そのことが真諦の世界をどこまでも普遍的に拡張すること、また逆に全世界がそのようなものであることが言われるためには、それだけで充分であることを、師備に理解させたのだということを、確かにここで語ろうとしている。これは、出来事より前、機の発する以前からの道理なので、「機のかなめを押さえるのにあまりある」ものだという。[*14]

ありとあらゆることが、ここではすでに表現（道得）されている。しかし、世界そのものの自己表現に同期するようになされる表現に、終わりや究まりはない。アニミズムの思想とは、この世界そのものへの応答でもあり呼びかけでもあるような、表現とともに経験されるさまざまな情念であるに他ならない。

## 六　アニミズムとその情念

とはいえ、《情念の隔絶》が語られるためには、何よりもその情念が——とりわけアニミズム的思考を採るとされる人々にとって——どのようなものであるのかが、仔細に検討される必要があるだろう。アビダルマや説一切有部などの初期の仏教諸派は、縁起説に基づく情念の心理学を緻密に発展させた。ナーガールジュナはそれを戯論（けろん）として一蹴したが、しかし《相依性》においてある世界の直観は、仏教におけるほど論理的に定式化されはしなかったにせよ、さまざまな人々のもとで試みられてきたのではないか？　すでに見たように、大乗仏教では「Aがなければ、非Aがない」、かつ「非Aがなければ、Aがない」という空性における《相依性》がきわめて重要であったが、「Aがあるから、非Aがある」、かつ「非Aがあるから、Aがある」という情念の拡張局面、つまり俗諦における世界もまた——最終的に還滅門的に否定され、浄化されるものとしてではあるが——前提として置かれねばならなかった。人間と非人間、主体と対象世界が、まさに《相依性》的に合わせ鏡のようにお互いを成立させている、情念の世界。——まさに仏教が苦の世界と見たような、そこにおいて死もあれば、エロスもあり、偽計もある世界のことを、人類はさまざまに語ってきたし、そこで持てる限りのあらゆる術策を駆使して、生活を営んできた。アニミズム的な思考を語った物語と言われるもののうちには、それが昇華される以前の、いわば俗諦におけるアニミズムと、そこで生み出された情念の心理学のあり方を伝えるものもまた、明らかに見いだされるように思われる。

　本書ですでに幾度か語られた、典型的なアニミズムの語りについて、この俗諦におけるアニミズムという観点から、これから考察することを試みよう。フィリップ・デスコラも説くように、たとえば狩猟者たちと、獲物となる動物のあいだに、おなじ魂があることが想定されているのは、アニミズムを特徴づける思考の一つである（デスコラ　二〇二〇）[*15]。熊や山羊といった獣は、それらの毛皮を纏って人間たちの前に現れはするが、しかし彼らどうしで暮らしているときには人間である、といった不思議な主張が、全世界のさまざまな地域で口をそろえたように語られるのは、どうしてなのだろうか？

こうした根源的な問いに向き合うとき、ロシア連邦サハ共和国のネレムノエ村に居住するシベリア先住狩猟民である、ユカギール人の独特の思考と、その狩猟における獲物の模倣（ミメーシス）としてのアニミズムを扱ったレーン・ウィラースレフ（ウィラースレフ　二〇一八）の考察は、私たちに多くの示唆を与えてくれる。彼が生活を共にしたユカギール人の狩猟者たちは、ソビエト連邦解体にともなって、狩猟と漁撈の生活へと回帰していった人々である（ウィラースレフ　二〇一八：二一、本書第四章第三節を参照のこと）。彼らはたとえば獲物であるエルク[*16]を狩るにあたって、あらかじめバーニャ（banya）と呼ばれるサウナに入って体臭を消し、エルクの毛皮を纏ってエルクをすっかり模倣する。その様子をウィラースレフはこんな風に描写するのだ。

スピリドン爺さんが身体を前後に揺らすのを見て、今、目にしているのが男の姿なのか、エルクなのか、私は困惑した。毛を外向きにするようにして着ているエルク革の外套、特徴的な突き出た耳のついた頭飾り、エルクが雪の中を動く音に似せるためにエルクの脚の滑らかな毛皮で覆ったスキー板が、彼をエルクにしていた。しかし、両手に握られた装填ずみのライフル銃とあわせて、帽子の下から出た、人間の目、鼻、口を備えた顔の下半分が、彼を人間の男にしていた。だから、スピリドンは人間であることをやめてしまったわけではない。むしろ、彼は境界領域的(リミナル)な性質を有していた。彼はエルクではなかったが、エルクではないというわけでもなかった。彼は、人間と非人間のアイデンティティの間にある奇妙な場を占めていたのだ(ウィラースレフ 二〇一八：一二)[*17]。

一匹の雌エルクと仔が、この模倣的パフォーマンスに気づく。当初、雌エルクは当惑した様子で立ち止まっていたのだが、狩猟者に向かって歩き出す。銃をもちあげてスピリドンはこの二匹を撃ち殺すが、この出来事を次のように説明する。――「私は二人の人間(パーソン)が踊りながら近づいてくるのを見た。母親は美しく若い女で、歌いながらこう言ったんだ『誉ある友よ、いらっしゃい。あなたの手を取り、私たちの住まいにご案内しましょう』そのとき私は二人を殺したんだ。もし彼女と一緒に行っていたら、私のほうが死んでいただろう。彼女が私を殺していただろう」(ウィラースレフ 二〇一八：一二)

ユカギール人の狩猟者は、獲物であるエルクをその模倣的パフォーマンスによっておびき寄せることを、ある種の性的誘惑として捉えている。この誘惑は相互におこなわれるもので、エルクも狩猟者を誘惑し、それに魅せられることは狩猟者自身の死を招くことになる、と言うのである。ここには、狩猟者がアニミズム的に狩猟を解釈する場合の、独特の奇妙な語りが見いだされる。狩猟者が獲物にとって鏡像的な存在として現れることが、性的誘惑として解釈されることの意味を、ウィラースレフはさまざまな角度から考察しているが、一定の留保をつけたうえで、彼は精神分析学者のジャック・ラカンの鏡像段階論を援用しつつ、狩猟者がこのとき獲物にとっての《イマーゴ》として現れているのではないかと指摘するのである（ウィラースレフ 二〇一八：一一五—一二三）。

ラカンによれば、生まれたばかりの幼児はいまだ統合された全体というよりは、盲目的でばらばらな欲動の寄せ集めであるに過ぎない。こうした幼児は、全体的な統一された身体の像を、鏡に映った自分の像として最初に見る。この像は、統一的で理想化された自己のイメージ（イマーゴ）であり、幼児はそれに愛着を覚え、自己として引き受けることによって、みずからを主体化しようとするのだという。しかしこの像そのものは、結局のところ自分とは異なる鏡像としての他者であり、この他者なくして主体としての自己はあり得ない、という立場にかえって置かれてしまう。——自己の主体は、このとき鏡像の側に疎外されてしまい、その葛藤から鏡像は愛情の対象ともなるが、憎しみの対象ともなる、と言うのである。

こうした鏡像段階論じたい、そもそも生物が自分と同じ種を知覚することによって種としての成熟に至るという、動物生態学や生物学の研究を踏まえて語られたものであったことは忘れられるべきではない（Lacan 1966: 95）。[*18] 人間ばかりか非人間であっても、それが主体として成立するためには鏡像的な他者存在を必要とし、さらには種をまたいだ《イマーゴ》といったものさえ成立しうるのだとしても、それが不自然であるとは必ずしも言えないのだ。——またそこでエロス的な愛着が生まれたり、主体性を奪われることの恐怖やそこから逃れようとする感情が生まれるといったことを、鏡像段階論など知るべくもないままに狩猟者たちが経験的に雄弁に語るとしたら、そこで信じられていることやそのアニミズム的な解釈を、西洋近代的な価値観から推し量ってことさらに懐疑することは、むしろ安易であると言われるべきである。

主体性を奪おうとする鏡像＝他者を否定せねばならないという、抜き差しならない感情は、この場合相手を殺す(狩る)ことによって果たされる。狩猟者と獲物はお互いに誘惑しあうが、それに誘われたままになることは死を意味する(私のほうが死んでいただろう)。すでに見たように、人間と非人間、主体と対象は、お互いが存在するために他の側を必要とし、そこで掻き立てられるのがエロス的な情念である。ここにあるのは、まさに「Aがあるから、非Aがある」、かつ「非Aがあるから、Aがある」という《相依性》のなかでの情念の拡張であり、サイエンスの対象ではない経験と情念の世界はまさにそのようなものとして存立し、幻想のうちに感じられるほかはない。しかしこの「主体／対象」の二者関係にぴったりと閉じ込められること、鏡像性が完全に成就することは、結果として死をもたらす。狩猟者にとってはそのため、偽計をめぐらせることが必要になるのだ。

ユカギール人はその狩猟において、実際のところ何をおこなっているのか？　おそらく彼らは、通常鏡像的関係において発生するとされる心理とは逆に、むしろ統合体としての自己を積極的に放棄してしまうのである（ウィラースレフ 二〇一八：一六〇－一六五）。ユカギール人の狩猟者たちは、みずからの魂（アイビ）が同時に複数存在していること、まさにばらばらの欲動としてあることをそのまま認める。[*19] そしてそうであるがゆえに、彼は獲物との鏡像的関係をある意味で裏切ることができ、エルクを狩る（殺す）ことができるのだ。――狩猟者と獲物の関係は外的な二者関係であり、そこに映るお互いの姿は統一体であるが、狩猟者の身体には複数の、統合されることのない多なるものとしての魂とその内的関係がある。――狩猟者はそのどちらの関係にも一方的に還元されることがないからこそ、彼の偽計は成功を収める。グレアム・ハーマンが語るオブジェクトのように、外的関係にも内的関係にも還元されない存在としての狩猟者、いわば中間の境界にある存在としての彼は、本質的にその纏う《毛皮》であるような存在である。そして実際のところ、裏を返せばあらゆる生物が、他の生物に対してそのような存在なのだ、と彼らは考えるだろう。経験的世界とそこで増幅する情念の世界、そこで生まれるもろもろの生物たちの多様さを、アニミズムのオントロジーはそのように理解する。

この中間的で暫定的な統一、《毛皮》としての身体に、複数の魂を共存させることによって、彼らがここで密かに導入しているのは、トライコトミー trichotomy 論においてまず重視された、《「主体／対象」／「多／一」》という複数の二項対立の組み合わせである。統一された主体を獲得するために、「主体／対象」の二元論のなかであくまでも対象を否定しようとすること、あるいは《イマーゴ》の魅惑にどこまでも誘引さ

**図4**　大小島真木　《眼交》

れてゆくことは、アニミズムの世界観からすると、偽計に欺かれて狩られる獲物の心性である。——つまり、近代人的な意味で主体的であろうとすることは、ユカギール人にとってはむしろ動物であること、獲物であること、ただの肉であることなのだ。

人間と非人間のあいだで、情念が相互に増幅される局面は、しかしながら最終的なあり方ではない。狩り、狩られる世界、食い、食われる世界は、最終的にはそうした情念そのものをも寂滅させるだろう。そこでは一方的に食うものも、食われるものもない。被包摂（内）と包摂（外）という最後の二項対立は、やがては先の二種の二項対立をことごとく呑み込むようにしてみずから調停される。究まりなく流転する生の輪廻の奔流において、人々はそこからさらに、いっそう巨きな宇宙を夢想するだろう。

あるいはあの獣たちも、ただ偽計に落ちたわけではなかったのではないか？　彼らの奥底にももっと、罠に誘われるだけではない複数の魂や霊があり、彼らが獲物となったことじたいが、じつは納得づくの贈与だったのだ。——何のために？　それがこの、無始無終の世界を密かに準備することだからだ。人間と非人間、個別のものとすべてのもの、食うものと食われるもの、これらはお互いにその位置を入れ替えながら、滅びつつも滅びることのない、永遠の贈与と恩寵の世界を形づくっている。そして自分たちもまた、そこに生まれ、そこに還ってゆく、そこに捧げられたいわば供物なのだ。

アニミズムの大地において、すべてはすでに予感されている。このうえ何を言い足したら良いのだろうか。

始まりもなく、終わりもない世界を語るこの思索は、文字通り尽きることがない。私たちはここで、ようやくその輪郭と驚くべき思惟の軌跡をかいま見た。——そんな風に言うことができるだろう。われわれもまた、頭陀袋を負って已れの雪峰に還らねばならないのだ。

【注　釈】

＊1　植民地主義の過去を持つ西洋の人間の立場から非西洋を民族誌的に描くことへの自省から、ポストモダン的な文化相対主義を徹底した再帰人類学が、人類学においてもかつては有力な潮流であった。そこでは諸文化を相対化するのは「旅人」としてのフィールドワーカーであったが、今日では相対化の媒体をモノ＝道具に求めたり、人間と自然の関係そのもの差異を考察する立場がいくつも現れてきている（エドゥアルド・ヴィヴェイロス・デ・カストロ、マリリン・ストラザーン、ブリュノ・ラトゥールなど）。

＊2　浅田彰氏は『構造と力』でモダニズムを「クラインの壺」構造として示し、「差異を差異として肯定し享受する」理想的極限としてのポストモダンを拡散的な「リゾーム」状態として対置した。たとえば東浩紀氏がのちに語った「誤配」という概念も、やはりこうした「クラインの壺」的な再帰構造を分散的に差異化するという趣旨のものであった。

＊3　現代語訳は清水による。

＊4　テトラレンマは何について言われてもいいわけではなく、少数の根源的な二項対立とその複

合において成立する。『中論』においてナーガールジュナが挙げているのは八不と呼ばれるものである。（第二章の注二〇を参照のこと）トライコトミー trichotomy 論では、この「根源的な二項対立」の選別を「主体／対象」、「一／多」、「内／外」の三種類とし、これを新たな八不に当たるものとして扱うことにする。

＊5　ライプニッツの学問の研究と二〇世紀のエンチクロペディーの全体状況を洞察して、諸学問の総体をこのような網の目状の相互-翻訳的な体系として最初に描いたのはミシェル・セールの『干渉』である。ラトゥール、セール、そしてライプニッツの思想とその関係については、拙論（清水二〇二一）を参照のこと。

＊6　以後、本論では十二支縁起の諸要素を逆に辿るという意義よりも、さらに普遍的な対象について「～がなければ、～がない」という論理を展開するものとして、逆観よりもむしろ還滅門（げんめつもん）という言葉を積極的に用いることとする。

＊7　『大智度論』は、『大品般若経』の注釈書であり、ナーガールジュナ著とされているが『中論』の著者ナーガールジュナであるかどうかには異論もある。とはいえ、いずれにせよここで展開されている、四句分別がすべて退けられねばならない理由についての解説は見事というほかない。なお、吉蔵が『大智度論』の巻三二をこの箇所で典拠にしていることについては、仏教学者で花園大学教授の師茂樹氏から御教授を賜った。

＊8　この場合非Aは、複数のステップを踏みうるのだが、いずれにせよそれらをひっくるめてAではないので非Aである、という記述が可能であろう。

＊9　この相依性を仏教思想の根幹にあるものとして重視し、十二支縁起のうちにその萌芽を認めた高名な仏教論理学者として宇井伯寿氏が挙げられよう。ナーガールジュナは、みずからを原因として持たない、《無自性》であることを《空》の定義としたが、その意味でも宇井が相依性というあ

り方を十二支縁起のうちにすでに読み込み、中観派以降の大乗仏教思想の原型をそこに観取したことは非常な卓見であると言わねばならない。この観点に立てば、のちの華厳仏教における個物どうしの相互作用的関係をめぐる思想の端緒すら原始仏教のうちに見出されることになる。一方で、これら十二支の縁起は時間的な生成関係ではなく、同時にそれらが生成し合う関係であったと彼は解釈したが、やや理路が単純であり強引な印象を免れなかった。

*10　東洋の叡智はかくして、「〜がある」の相互生成の位相を理論的にあまりにも早く棄却してしまったために、西洋におけるようにサイエンスが展開される方向を重視することがなかった。これは残念なこととして認めざるを得ない。サイエンスとノンモダンの文明が総合されることこそが、実際には両者にとって望ましいのである。

*11　この構造を整理するなら、「勝義（真諦）において「Aでも非Aでもない」第四レンマの「どちらでもない」あり方のあいだ（「中」）に置かれているまさに当のものが、限定的な俗諦における第三レンマであり、それはまた端的な第一、第二レンマでもある」ということになるであろう。例えば二種類の二項対立の結びつき方が変わるということは、ある二項対立の一極において他の二項対立が第三レンマ的に共存することである（「対象は、一なるものでも多なるものでもある」など）。このときその一極は排中律における「中」であり、しかも最初の二項対立の一極であるかぎりにおいて第一レンマ、もしくは第二レンマである。

　このような「中」はこの場合四種類考えられ、お互いに「〜において」という包摂関係を入れ換えるが、こうした回互運動のうちで包摂（外）、被包摂（内）の二項対立がそれらの「中」にあっては第四レンマ的にあることが示される。また二項対立どうしの特定の結びつきとその結果は、この回互運動のうちでは拡張されるのではなく限定的なものとして切り換えられ、否定されるが、還滅門にあってはそれは「〜において」という条件の相依性的な否定として捉えられ、しかもそれによって無制約な真諦の世界が開示されるのである。

＊12　（　）内の現代語訳は清水による。

＊13　この表現は『無門関』の「言は事を展ぶるなく、語は機に投ぜず、言を承くるものは喪い、句に滞おる者は迷う」に由来する。出来事は世界の自己表現であり、それにシンクロしてみずからも表現を発することができるのでなければならず、それが道得である。『無門関』の表現はそれがいまだ成らない、もしくは時宜を得ない状態を言ったものである。

＊14　これは、サイエンスにおいてアトミズム的方向づけが成立しないことが先に言われてしまうと、個々の状況を離れてもモナドロジー的な網の目状の相互包摂の構造によってしか諸科学の全体像が考えられなくなる、ということと同じ機序を、さらに経験的で情念的、また宗教的な文脈で語ったものであると言うことができるだろう。

＊15　とりわけ第六章「アニミズム再考」を参照のこと。

＊16　エルクはユーラシア大陸のヘラジカであり、鹿として世界最大の巨大な体躯を持つ。雄は箆のような大きな角を持ち、この角だけでも二メートルを上回ることもある。北アメリカではムースと呼ばれる。

＊17　獲物の鳴き声を真似る、獲物と似た形状のものをもちいて誘い出すなどの行為は、狩猟や漁労の現場で多く見られるが、ここでのユカギール人のように狩猟者が《獲物を模倣する》行為が、あらゆるアニミスト的狩猟者に共通するものではないことはむろんである。とはいえ、狩猟者が獲物による生態圏の独特の認知や理解、またその行動を織り込んだうえでしか猟をなしえず、獲物の回避行動や逆襲もまた、そのようなものでしかありえないなかでの駆け引きが、狩猟一般の条件であることは間違いない。この場合、人間であれ非人間であれ、お互いのパースペクティヴを包摂しあうことによってはじめて行動し、存在しているのであり、この場合最初から獲物が対象としてただ

外在的に存在していると想定することは、ラトゥールが近代科学がその対象が外在していることを素朴に前提していることを批判したのと同様に、むしろ成り立たない。このときわれわれにとって興味があるのは、そこで種を超えて働いているさまざまな情念でありその帰趨である。

＊18　ここでラカンは、心的因果性の問題に対する証明とするには異質な分野における事例であることをあらかじめ断りつつ、鏡像段階において他者の存在が必要とされることを説明するために、雌の鳩の生殖腺の発達のために性別に関わりなく同種の個体を見ることが必要条件となる例や、サバクトビバッタが孤独相から群生相へと移行する際に、ある段階で自分とよく似たイメージの視覚的な動きに晒されることが契機となる例を挙げている。

＊19　古代の日本人の信仰においても、時代によってさまざまな解釈が生まれたものの、たとえば奇魂(くしみたま)、幸魂(さきみたま)といった性質を異にする魂が複数あること、また魂の一部がたやすく遊離したり外来したりすることが一貫して信じられていたことはよく知られている。一つの肉身に一つの魂がつねに宿っているわけではなくその関係は思いのほか不安定で、それゆえその扱いはきわめて慎重な対処を要するものであると考えられてきたのである。

【参考文献】

浅田彰　一九八三『構造と力──記号論を超えて』勁草書房。
ウィラースレフ、レーン　二〇一八『ソウル・ハンターズ──シベリア・ユカギールのアニミズムの人類学』奥野克巳・近藤祉秋・古川不可知訳、亜紀書房。
吉蔵　一九四一『三論玄義』金倉圓照訳、岩波文庫。
清水高志　二〇二一「世界の《ざわめき》に耳を傾ける──ブリュノ・ラトゥールの思想的系譜と

そのヴィジョン」『たぐい』vol.3、亜紀書房。

ストラザーン、マリリン　二〇一五　『部分的つながり』大杉高司・浜田明範・田口陽子・丹羽充・里見龍樹訳、水声社。

デスコラ、フィリップ　二〇二〇　『自然と文化を越えて』水声社。

道元　二〇〇四　『正法眼蔵（一）』増谷文雄全訳注、講談社学術文庫。

Lacan, Jacques　1966　« Le stade du miroir comme formateur de la fonction du je, telle qu'elle nous est révélée dans l'expérience analytique. » *Ecrits*. Seuil.

# 第六章　対談Ⅱ

奥野克巳×清水高志

扉写真　胎蔵界曼荼羅。提供：ALBUM／アフロ

## 人類学から仏教へ／哲学から仏教へ

——前回の対談同様、まずはそれぞれお互いの第二論文（第四章、第五章）についてのご感想から始めていただければと思います。

**清水**：私の論文（第五章）は、仏教とアニミズムを接近させていったというアプローチで言えば、禅仏教のほうに比重を置いていましたが、奥野さんの論考（第四章）では、「他力」のほうにフォーカスされている。この論文に触発されて、『最後の親鸞』など吉本隆明の親鸞論を読み返してみました。私は、華厳や禅の思想をヨーロッパのモナドロジー、ラトゥールなどを意識しながら、サイエンスや技術の在り方も含めた、世界の認識の問題として考えたいというところがあります。そこに今日性もあると思うし、さらに議論をアニミズムまで繋げていき、太い線を通したいと思っていますが、親鸞や他力の思想というのは、「信仰するということはどういうことなのか」というところに入り込んでいますね。信仰の内部にいる人と、それを懐疑しているというか、そこまで入り切れない自分がいて、その内と外の両方に跨る二重性がそこでは問題となっている。その二重性の問題が、奥野さんの論文にも、強く感じられました。

吉本が仏教、親鸞について語るということは、「転向」という経験をしていることと併せて考えざるを得ません。あまり大きな変化のない三〇年だった平成という時代からはよくわからなかったところもあると思いますが、二〇歳近くの頃に戦争があり、彼はその前後にイデオロギーが一変した経験をしている。知識人が転向すること、信じていたものを失うということはどういうことかを強く意識したのでしょう。その信じていたものというのは、戦時中は、彼は無力な一人の軍国少年でしたが死を強いてくるものだったと思います。仏教自体も、かつて厳しい信仰を持っていた人たちというのは結局、往生するとは死だと思っていた部分もあったと思います。ただそこで終わるのではない信仰がどうありうるのか。吉本は、くたばり損ない的に生きた戦後の自分と親鸞を重ねている。信仰の内容そのものをある意味では括弧に入れて、その構造のなかで「信仰するとは何か?」というより普遍的な問いかけをしたのが他力仏教の思想だったのではないかと改めて思いました。

奥野さんが書かれた第四章では、たとえばトゥムンチとアイヌの関係も自力と他力

《親鸞聖人像》、絹本着色、13 ～ 14 世紀、奈良国立博物館蔵

の問題と絡めて語られていて興味深かったのですが、他力の思想には往還とか、内と外とかの二重性がもともとある。奥野さん自身も最近は漫画を作ってみたり、自分自身がキャラクターとしてその漫画に登場したりしている。「ルビコン河を渡ったな」という印象を受けます（笑）。私は最近、学問そのものにとってもそういうことが大事なんだと思うようになってきました。たとえば、岩田慶治が折に触れ語るように、自分自身がなかに入っていない学問というのは、本当はよくないということで、彼は地理学から人類学に移っていったわけです。柳田国男についても、彼の民俗学というのは柳田さんの幼少期からの「おのれ語り」であって、そこが素晴らしいということを言っている。奥野さん自身も、自分がなかに入った世界について語る人になったと思う。客観的な人類学というよりも、とても文学的になっていますしね。なかに入りつつ、また外からも見ている。そのなかに入った世界には、またさまざまな人が入っているわけで、他力というかたちで仏教を二重に見るように、それらもひっくるめて俯瞰していますね。そういうアプローチを今回の論考では採られたのではないかなと思いました。

岩田慶治の学問のあの構造のなかで、初めて彼自身も語るのだとすると、アニミズムは「木が語るものである」「森が語るものである」というけれど、そもそも木や森が語る以前に、人間が語っていなかったのではないかという気がします。岩田の仕事を見ると、非常に感受性が豊かで、文学的です。彼がそのなかで語れるようであってこそ、そこでカエルも歌っている、木も歌っているし、語っているということになる。奥野さんも、そのような世界へと踏み込んで行かれたのかなと、全体的な感想ですが、そう思いました。

**奥野：**ありがとうございます。「人類学のルビコン河」を渡ってしまったという点とも絡めて（笑）、内と外という観点からの素晴らしい論評をいただきました。

清水さんから拙稿への感想をいただきましたので、まずは応答してみます。人類学には、他の誰か（他者）のアニミズムを外から取り上げるというのが出発点としてあります。つまり、「彼ら」のアニミズムをどう捉えたらいいのかという問いが、まずありました。そんななか最近になって、インゴルドやウィラースレフを読んだり訳したりしながら、現地の人々が何を考えているのか、つまりアニミズムを「真剣に受け取る」という、内に入り込んでいく態度にたどり着いたわけです。それと並行して、吉本が親鸞の還相論などで強調する穢土と浄土の「往還」というループ構造に言及したというのが、前回の対談までのだいたいの流れでした。アニミズムは、人々が狩猟実践とか何らかの実践に関わっているときによく立ち現れます。最近私はそれを、「動くアニミズム」と呼んでいますけれども、その後アニミズムを動きのなかで捉える必要があるのではないかと考えるようになりました。そこから、主に浄土思想を踏まえて、第二論文で、他力論に進んでいったわけです。

そういう行き方に対して、清水さんの論考（第五章）では、とてもダイレクトに、事象あるいは「もの」そのものに挑んでいらっしゃるのだと思います。ÉKRITSの「MORE THAN HUMAN」シリーズに日英両語で掲載された清水さんへのインタビュー「仏教哲学の真源を再構築する――ナーガールジュナと道元が観たもの」[*]と併せて読むと、その点がよく分かると思います。

『コスモス』を書いたフンボルトが、いわば外から世界にアプローチする「単世界」的に見ていたところから出発して、岩田慶治は東南アジア各地でのフィールドワークでいきなり内側に入り込んで、アニミズムを抉り出した。これは、清水さんの論考でも言及されている点です。つまり、内の世界と外の世界というようなものが最初にあり、なんとか内側へと入ろうとすることで、非西洋社会の現象であるとまずは捉えた

＊ https://ekrits.jp/2020/08/3782/（最終確認日：二〇二一年九月一七日）。本対談が行われた時点（二〇二一年一月一二日）ではウェブ上に掲載されていたが、清水高志氏に対するインタビュー（師茂樹氏によ

上で、そこからアニミズムを取り出そうとしたのが人類学なのですが、人類学者でありながら、岩田は『正法眼蔵』を携えて、道元的な世界をなぞることで、最初からアニミズム的なものを深く捕まえようとした。対談Ⅰ（第三章）で清水さんから指摘があったように、岩田は仏教を懐深くに手繰り寄せていたために、精米の音が媒介となって人間と稲魂が互いにつながり合うさまを発見するという、ストラザーンやラトゥールに先立って先駆的なフィールドワークをなしえたのだろうと思います。それと同じように、哲学的な思索をベースに、仏教思想にそのさらなる探索の道を進めていらっしゃる清水さんの試みは、ストレートに事象そのものに踏み込む迫真性があります。なかでも、清水さんの論考でも、『正法眼蔵』の「一顆明珠」に関する話が非常に効いているなと思いましたね。

**清水**：ありがとうございます。

**奥野**：清水さんの第五章の前段は、「仏教哲学の真源を再構築する」で話されたトピックが論じられ、その後『正法眼蔵』へと入っていく。そこから情念の問題に向かい、アニミズムへと歩みが進められている。一顆明珠の世界から徐々に情念への世界へと向かい、人間の世界へと降りてくるというものですね。ウィラースレフのユカ

る）は、二〇二一年九月刊行の、奥野克巳、近藤祉秋、ナターシャ・ファイン編『モア・ザン・ヒューマン　マルチスピーシーズ人類学と環境人文学』以文社の第九章に再掲載されている。

ギールに関する民族誌は、清水さんも私もともに言及しているアニミズムの事例です。ウィラースレフは、人間と自然という二項対立を想定せざるを得ないような状況で、インゴルドの現象学的な言葉を借りれば、「住まうことの視点（dwelling perspective）」を手に入れ、人類学者がその場に住まうことによって見えてくる世界を浮き彫りにしようとします。ユカギールの狩猟者が、想像力を働かせて動物の領域に入り込む「模倣的な共感」を示しながら動物になり、また人間に還ってきた瞬間に、動物を撃ち殺すわけです。「住まうことの視点」で捉えていかないと、外側から「人々は動物に魂があるアニミズムを信仰している」というだけの、素朴な記述になってしまいます。

清水さんは第五章で、尽十方世界における一顆明珠の話題を出されて、いきなりズドンとアニミズムの本質を抉るところにまで行かれているわけです。EKRITS のインタビューでは、まずはナーガールジュナの『中論』を論じるくだりで、言語以前や論理以前の話だと片づけられてしまったような問題を、細密に哲学的に検討していくことで、否定の論理で見ていくことによってしか突き詰められないと述べられています。そして、中観派の論理の探究を経て、人間と自然にそれを移し替えたのが、道元の世界だというのです。大乗仏教の長い歴史と、鎌倉仏教で結晶化した『正法眼蔵』に踏み込みながら、アニミズムに迫ろうとされている。

**清水**：『正法眼蔵』の一顆明珠の話を論じたところは、仏教そのものをよくあるように超論理として片づけてしまうのではなく、完全にロジカルに捉え直そうとした試みで、それがああいう突破口を持ったという感じですね。西洋にはキリスト教を生涯にわたって懐疑し抜いて、しかもキリスト教に還っていく思想家や作家というのが数多くいます。他方で仏教には、信仰そのものへの懐疑という意味では親鸞などがいるわけですが、仏教の世界認識そのものに対してそうした執拗な吟味をし、かつ肯定した人はあまりいない。例外は西田幾多郎くらいでしょうか。私はそうしたことをやってみたかったのです。そしてトライコトミーと仏教の世界観は共振するわけですが、私たちが立っている現実の生においてそれを捉えるためには、情念とアニミズムの問題というものがとても大きいのです。また「Aでもなく、非Aでもない」というテトラレンマの論理が、「〜がある」という出来事の次元で現実にいかに成立するかというと、それはやはり滅んでいく世界においてなのです。移ろっていく世界とそこでの情念のなかで、テトラレンマも相依性も成立せざるを得ないということです。初期仏教から大乗仏教や、相依性や華厳の一即多の思想がでてくる論理的な必然性というものを、哲学的に論証するというのが私がここで試みたことです。そして、そこからさらにどういうふうに世界観が広がっていくかを考えると、サイエンスや厳密な論理によっても考えられる拡張モナドロジーの理論、真なるもののあり方を語る言論で言い尽くせないところにあるのは、やはり情念の次元の問題でしょう。それが実は仏教の論理以前に、むしろ、日本的な無常観やもののあわれの美学などにも通じるところがある。もしかしたら、我々はそのことをずっと感じてきたのではないかと思っています。ですから、奥野さんが、荘子など中国の思想からもインスピレーションを得られていますが、私はむしろそこを跨いでしまって、インドの論理と日本的な情念、そしてアニミズム的でもある情念をなんとか繋げないかと、一気に行ってしまったところがありますね。

**奥野**：なるほど、道元や中国思想から、その根元の部分にある大乗仏教の最も透徹したロジックへと遡るということですね。メリハリがあって、非常に読んでいて、手応えがあります。それでもなんと言っても、真ん中の『正法眼蔵』の「一顆明珠」が効いている。

**清水**：真ん中あたりは、私も書いていて少し興奮していました。そこからアニミズムの話まで行き、少々、言い切ってしまったように感じていて、どのように終えていいのかわからない不思議な感じに入って行きました。『正法眼蔵』も自分なりに現代語訳をしてみました。たとえば、「物を逐うて己となし、己を逐うて物となす」というようなループ構造が、まさにそこで語られている。アニミズムの世界でもあり、まさに哲学の世界でもある。その両方にまたがる楔を打ちたいというような感覚で書いてみた、といったところでしょうか。

## 「尽十方世界、是一顆明珠」

**奥野**：清水さんの論考で出てくる玄沙師備は、自分の父親を不意に殺してしまって出家した人ですね。雪峰山を降りて旅に出ようとしたが、足の指を石にぶつけて血を流し、「この身は実有にあらず。この痛みはどこから来るのか」と呟いて山へと引き返し、師の真覚大師・雪峰に何をしているのかと問われて、「ついに敢えて人を誑かさず」と答える。これは自分自身にやっと騙されずにすんだ、というような意味ですね。そう答えると、雪峰は師備を褒めたという。何故、旅に出なかったのかと問われると

「達磨は東へやって来ませんでした。二祖（慧可）はインドには行きませんでした」と応じる。行くも帰るもないのだという。これを聞いて、雪峰はふたたび褒めたという。

旅には普通、行き先があります。こちらから出て行って、向こう側へ到着する。しかし、師備が言ったのは、そういうやり方では行きようがないということかと、私は解釈しました。つまり、行こうと思って行ったって、必ずしも行くことにはならないということを言っているのではないかと。物事をきっぱりと、因果律では捉えることができないというようなことです。その前のエピソードで語られているのは、痛みの持続の問題ですが、いまある痛みの原因はすでになくなっているのに、痛みだけがある。それも因果律で捉えることができない。そうしたことが雪峰と師備の間の一連の対話で表現されていると、ひとまずは理解してもよろしいでしょうか。

**清水**：そういうことだと思いますね。原因があって結果があるというふうに普通は考えます。石に足を打ったから痛いと考えるかもしれませんが、もはやこの師備の経験のなかでの痛みとは、幻覚肢の痛みにも近いようなもので、これについても科学的にさまざまなことを言う人もいますが、むしろ過去の経験が我々に情念のなかで懊悩（おうのう）となって残るというような場合、そうしたものすごくリアルなもの自体、ほとんどそういうものなのではないでしょうか。そのことに対する目覚めが、師備のなかであったのではないかと私は思っています。それらはすべて過ぎ去った。原因も結果もともに、もはや過ぎ去っている。しかしそこにこそテトラレンマ的なリアリティがある。そういうことを言いたかったのではないでしょうか。

だからこそ不来不去についてもそこで深く感じたのだと思うんです。師備は遍歴の旅に出ようと思って、師を訪ね出発しようと思ったけれども、もはやそのような必要を感じなくなって戻った。ですから、「誑かさず」という印象が何なのかは、一概には言えません。誰かにそういうことを語らせるということ自体も、もはや必要がなかったのか。自分が誑かすとか、誰かが誑かすというようなところで成立する話ではないというふうに思いますね。

**奥野**：「ついに敢えて人を誑かさず」の主語そのものが自分や誰かではない、つまり自分自身が誑かされていたということに気づいたというふうなことでは、必ずしもないと。

**清水**：そうです。師を求めて、旅に出ようと思ったわけですが、それ自体の必要性を失ったというようなことだろうと思います。

**奥野**：なるほど。徹頭徹尾因果律をはずしていくわけですね。

**清水**：この辺りはぐるぐると考えていると、漢文の表現はどうとでも読めるところがあって、鈴木大拙もどこかで禅籍から一文を引いて、この漢文は八通りに読めるなんてことを言っていますね。

**奥野**：清水さんは取り上げていませんが、道元の『正法眼蔵』第一巻から引用しますが、これに続けて、次のような話があります。「尽十方世界は一顆の明珠である」というのが、師備の口癖だったようですね。彼の弟子のひとりの僧が、「承れば、和尚は、尽十方世界は、これ一顆の明珠であると仰せられたという。われらはそれをどう理解したらよいのでありましょうか」と訊いた。すると師備は、「尽十方世界は、これ一顆の明珠である。それを理解してどうしようというのだ」と応じた。つまり、師備が弟子に、そんなことを理解してどうするのだということを問い返したというのが、初日の話です。

翌日、今度は師備がその弟子の僧に問うた。「尽十方世界は、これ一顆の明珠である。汝はこれをどのように理解するのか」と。弟子の僧は、「尽十方世界は、これ一顆の明珠である。それをどう理解しようというのか」と、師匠の師備の言葉をおうむ

ネパール・カトマンドゥの街角。撮影：奥野克巳（2013年）

返しにした。それを聞いて、師備は「おお、汝はとんでもないところに抜け道を知っておったぞ」と言ったという。そう道元は書いています。

これは、清水さんが書かれている内と外の話に通じてくるのではないかと、考えました。つまり、外側から「単世界」として理解するという問題なのではないと。理解するということ自体が問題なのだと。「どういうふうに理解すればいいのですか」と最初、弟子が師備に訊いた。師備は「理解してどうしようというのか」と逆に問うた。それに対して、次に弟子が同じことをやった。そうすることで、弟子は実は分かっていた。つまり、一顆明珠をどう理解すればいいのかと訊くのは、その問いの外側にいるということです。外側にいて、それを捉えてしまっている。その外側にいて、それを理解しようとすることなどどうでもいいことだと言っているのではないか。それをひっくり返して、逆に師備が弟子に問うたときには、外側から理解することが、理解することではないということが分かっていた。

**清水：**なるほど。理解（会得）するというのはいまだに外側にいることで、二度目にあったときにこの弟子が師備に、師に問われたのと同じことを言うのですが、そこでは内と外が入れ替わっていると。お互いに役を演じながら、総体として禅と多自然を語っているというわけですね（笑）。このあたりは私も色々考えたのですが、中国の禅問答がこのような劇的な演出をともなうのに対して、道元は個人で比較的完結しており、内と外を同時に見せてくれる感じがあります。これは日本的な美意識で、小堀遠州の花器が竹の外側と内側を同時にざっくり見せるものだったりするのにも通じると思うんですよね。この問答ですが、弟子の僧は、「学人如何会得（学人はどうやって会得したらよいのでしょうか？）」と最初に尋ねるわけですが、このあと彼が師に向かって「語った」ということが大事だと思うんですよ。

このやりとりを受けて、道元は続く部分で「是一顆珠は、いまだ名にあらざれども道得なり。（この一顆明珠は、いまだ名ではないが表現［道得］なのだ）」と意味深長なことを言っています。「会得」に対置されるのは、たんに不可知ということではなく「道得」だと思うんです。「名」というのは知識の対象でしょうが、師と同じことを言って答えるのでも、一顆明珠について語り、表現することは一顆明珠を作り、体現することなんですよ。つまりその内にも、外にもいるということです。そういう「おのれ語り」になっている。

**奥野**：なるほど。たんに内に入ったということではなく、外にいながら内に入り、内にも外にもいるということですね。「尽十方世界というのが一顆明珠である」という話は、情念を手がかりにして、具体的に生の経験で取り出そう、探ろうとする清水さんのアニミズム論の土台にあるわけですね。「アニミズムの思想とは、この世界そのものへの応答でもあり呼びかけでもあるような、表現とともに経験されるさまざまな情念であるに他ならない」と、清水さんは書かれている。* この辺りのドライブ感がすごいですね。

＊ 第五章第五節を参照のこと。

## 「人間復興＝ルネサンス」とアニミズム

**清水：**ありがとうございます。奥野さんの論考のなかで、自然（じねん）の話が出てきますね。読んでいて非常に面白かったのですが、語義的にも「自ずから然（しか）ある」というのが自然だと思います。「おのずからそうなる」という話は第一対談でもしましたよね。たとえば、自然というのはネイチャー（nature）ですが、フランス語でいうとナチュール（nature）です。それは生まれるという意味の語であるネートル（naître）と関係が深い。ラテン語で見ても、自ずから生まれるという意味があるらしいのですが、その訳語として「自然」という語をよく使ったなと思うわけです。たとえば、キリスト教でいうアーメン（amen、しかあらしめ給え、英語や仏語でいうLet it be, Ainsi soit-il）もそうですが、自ずから然（しか）あるという自然法爾は、ほとんど同じことを言っている。世界の普遍的な宗教で最後に語られる言葉はそこまで同じなんだと思いました。またこの論考のなかでは、五木寛之さんが語った武蔵と一乗寺下がり松の話を採り上げられていますね。これも非常に面白い話だと思いました。神仏を頼まずということ自体が、他力なんだということですね。「おのれ語り」ということでちょっと触れると、この京都の下がり松には、私はちょっとした思い入れがあるんです。最初の本であるミシェル・セール論を出した出版社が、ちょうど京都の一乗寺下がり松にあったんです。[**] 下がり松の田んぼがあって、そこで出版社の社長と待ち合わせをした。ちょうど小雨が降っていたので傘をさして彼がいて。もう亡くなってしまいましたけど、当時はまだ若くて。後で考えて見たら、あそこで宮本武蔵が吉岡一門と決闘したんだよな、と。それを思い出しましたね。

**奥野**：一乗寺下がり松の思い出ですね（笑）。確かに、神仏を頼まない、つまり自力で決闘に行くという決意そのものが、他力を仄めかすいいシーンですね。五木さんは

** 清水高志 二〇〇四『セール、創造のモナド ライプニッツから西田まで』冬弓舎。

小説家ですから、とても平易に書かれる。親鸞についても書いていますね。

**清水**：ええ。伝記的な小説を書いていていますね。

**奥野**：往還（おうげん）と言っていますが、吉本の言い方では「還相論」ですね。それを様々なところで語っていて、私たちにわかりやすく伝えてくれる。五木さんは、エッセイの名手でもありますね。

**清水**：国民的な作家ですし、長いこと仏教に引っかかっていらっしゃる方なので、やはり大事ですね。一方で、ルネサンスの話も出てきます。五木さんはルネサンスについては否定的なようですけれども、私は、ルネサンスは大事かなと思います。やはり学問がおのれを語らないと、結局のところ固有名の学問にはならない。たとえば西田幾多郎の伝記については、みんな随分知っています。ひょっとしたら伝記しかわからないかもしれない。もし私がミシェル・セールを紹介しようと思ったら、一章分は伝記にしますね。そうしないと一般の読者には何も残らない。学問で偉業を成した人がいたとして、それに報いるようにその人の伝記を誰かが自然に調べてくれて、その哲学者像なり人類学者像なりが、一般の国民全員に知られるということはまずないでしょう。ルソーなり、デカルトなり、あるいは梅原猛なり、どんな人だったかみんなわかっているというのは、やはり本人が自分のことを書いているからです。それは、実はすごいことだと思います。古代でもパウロとかアウグスティヌスとか、信仰者にはその人となりが分かる人もいますが、中世まではアリストテレスも大文字の《学者》でしかなかった。毒杯を仰ぐソクラテスとか、そういう人間としての哲学者というのは後に再発見されたものです。中世では十字架のキリストは勝利者のように目を見開いて見下ろしているというようなイメージだったのですが、傷ついたピエタ像のように大地に血を流すイメージへと変わっていった。そうやって人間キリストになっていく。そういうものを発見していく。同時に哲学者もそのようにして発見されていったと思います。その始まりがルネサンスだった。

それは非常に大事なことで、たとえば大森荘蔵さんのような独創的な哲学者も、かりに自伝を一冊書いていたら、また後世の印象が大きく変わっただろうと思うんです。学問的に後の人は先人の業績を乗り越えようとするわけだから、同じ分野のなかの固有名が残るということはなかなか大変なことです。だから学問にとって本質的に大事なことであると。おのれ語りをする学問の対象があるということと、さらにそこでいろんな人たちとのシンクロニシティー的な出会いがあるということ。そうした空間があることが、「カエルが鳴けば木も歌う」みたいなことも含めて、大事だと思っています。ある意味で、アニミズムとルネサンス的なヒューマニズムは、そこまで逆ではないなと私は思ってきましたね。

**奥野：**なるほど。ルネサンス、人間復興において、人間そのものの業績や人間そのものが何をしたかということもまた重んじられてきたのではないかということでもあるのでしょうか。

**清水：**それもあるし、第三者が重んじるという以外に、そもそも哲学者が哲学において雄弁に自分を語るというのが、ルネサンス以降のことだと思うんです。人文学者で哲学者、という人が出てくる。モンテーニュのように自分しか語っていない人もいる。ですから逆に言うと、ラトゥールは客観的学問の対象は、人間の作用の外部にもともとあるというだけの科学観はよくないということを指摘しますよね。ただ、彼が書いているものにラトゥール自身が出ているかというと、ミシェル・セールのようには出ていない感じがする。そういう意味で、私はセールが好きですし、それもまた内と外の構造ですよね。内と外を跨ぐ構造のなかで語っている人間が出ているというのが、ルネサンス以降の特色なのかなという気がしています。

**奥野**：それがアニミズムとも……。

**清水**：ええ。ルネサンスというと話が大きすぎるかもしれませんが、ヒューマニティーズですね。人文学です。人文学とアニミズムはそんなに矛盾していないのではないかと思います。

**奥野**：ことのついでに話をより大きくすると、梅原猛が、吉本と中沢新一さんとの共著の『日本人は思想したか』*の鼎談のなかで述べていることですが、ギリシャを旅して驚いたことのひとつは、森がなく、海が魚を獲るのではなく、航海のためにあるということだったようです。

**清水**：現代でもなおそうだと？

**奥野**：そうです。梅原が訪ねたのは、九〇年代初めのことです。古代ギリシャの自然破壊は凄まじかった。今日でも山に木がなく、海に石灰分の土が流れるので魚がいない。トロイア戦争で船を造るために森が破壊しつくされたという伝説が伝わっていたのですが、花粉分析によってそのことが証明されたそうです。イオニア地方でもまた自然が破壊されている。梅原は、イオニアの自然哲学は、イオニアの自然破壊への警告だったのではないかと述べています。

* 吉本隆明・梅原猛・中沢新一　一九九八『日本人は思想したか』九五－六頁、新潮文庫。

五木さんに話を戻すと、ギリシャの人間による自然破壊の後、自然破壊が地球規模で進められる取っかかりとなったのが、ルネサンスだったということができるのかもしれません。キリスト教の力が絶大だった中世ヨーロッパでは、キリスト教の権威の前に虫けら同然であった人間が、ルネサンス期になると、本来は素晴らしい存在だという認識が取って代わった。人間には力があると信じ、その後科学や技術を発達させ、二〇世紀には月にまで行った。他方で、自らが住む地球を徹底的に破壊し尽くしてきた。五木さんがルネサンス以降について言っているのはそういうことだと思います。人間は「自力」で、何でもやってきたのが、ルネサンス以降の五〇〇年だった。こうしたアイデアは、五木さんの有名な「他力」論に繋がっています。

古代ギリシャの自然破壊に関しては、デヴィッド・エイブラムは著書『感応の呪文』*で面白いことを言っています。ソクラテスは、樹木は何も教えてくれないと言ったと。自然は何も教えてくれないということを言い始めたのが、ソクラテスの時代だったというのです。それ以前、古代ヘブライでは、風や息や呼吸がアニマ、魂だった。自然は人を導いてくれる尊い、神聖な存在だったわけです。だから、ヘブライ人は、息である母音が恐ろしくてアルファベット文字にすることができず、子音だけで

＊エイブラム、デイヴィッド 二〇一七『感応の呪文 〈人間以上の世界〉における知覚と言語』結城正美訳、論創社。

古代イオニアのアポロン神殿。
撮影：Robert Harding

アルファベットを作った。その後、古代ギリシャになると、子音に母音を加えてアルファベット文字を作った。エイブラムは、風＝母音＝自然の神聖性が、ギリシャ以降に徐々に後退するようになったのだと言っています。とてもユニークなアニミズム論です。アニミズムに関して言えば、エイブラムのアニミズム論に五木さんの直観を継ぎ足して、ヒューマニズムが人間に自らの力を過信させるような方向に進むことで、アニミズムが一段と失われていったという見方ができるのかもしれません。

## 二項対立に、別の二項対立を付け加える

**清水**：結局、自分がトライコトミーということで考えようと思っていることは、人類が本当に普遍的に考えてきた問題の一番根底にあるものは、世界の多様性だということだと思います。地域的にある限られたひとつの生き方をしている。ある瞬間でもいいのですが、そこに矛盾しない形で豊穣な多様性があるということ。これが人類にとって一番の喜びだと思う。それがアニミズムの根底にある考え方ではないでしょうか。ソクラテス以前の哲学者を見ても、パルメニデスは一というものを重視したし、

ヘラクレイトスは無限の変転を重視した。私は一と多という言い方をしましたが、それは普遍と個別かもしれない。古代ギリシャの哲学者でいえば、プラトンはイデアすなわち普遍の方へ行き、アリストテレスは個別の方へ行った。一と多という二者の関係を考えたときに、還元的な解決もあります。多様なものを統一していこうというような、包摂の考えです。多が一に包摂されるというのは分かるが、しかし何が多であって何が一なのか、具体的に考える必要がある。それでアリストテレスは、形相と質料とか、別種の二項対立と一と多を結びつけることで、古代哲学の枠組みを作った。形相因と質料因以外に、彼が四原因として挙げた目的因とか起成因も、一つのものから多様なものが展開するとか、複数のものが組み合わさって一つのものが作られるとか、いずれも一と多という二項対立と結びついています。

近代に入ると、起成因や機械論、つまりものの組み立て方を重視する世界観が台頭してきて、マテリアリズムの文脈に一と多の問題も吸収されてしまうことになった。とはいえ、近代になってこのようにマテリアリズム自体が優勢な世界観になったとき、そちらに一方的に還元してしまうと自由や精神がなくなるのではないかということが問題として浮上してきた。人類の精神史からすると、そこで、主体と対象という二元論を意図的に、強くねじ込んできたわけですね。主体と対象で言えば、精神は、自分という主体を認識対象にできるわけで、それは二重性なのだということをドイツ観念論は色んなかたちで考えていた。二重性なのですが、主体は対象を漸次含みうるので対象から抜け出している。そこから精神の自由を担保しようと思ったわけです。

根本の問題は、一と多だと思います。東洋でも西洋でもそうですが、それを解決するために違う二元論をねじ込んだ。その二元論が解決されそうな別の二元論を主軸に据えて、そこに一と多の問題を足したわけです。主体と対象の二元論もその一例ですが、その場合、主体すなわち精神には統一するものであるとか、構想力（Einbildungskraft、想像力）のような、統一する、ひとつにするという働きがある。想像力がひとつにする働きだというのもすごい定義ですが、そればかりの考え方になってしまった。要するに主体と対象の二重性ということから、それらは別のものではなく一である、という解決を図った。こうして二項対立を「一」で解いたところ、一が多でもあるという関係が後回しになり、「多」が課題になってしまった。二項対立が止揚されて行くプロセスのなかで、「多」は到達目標として永遠に届かない何かになってしまった。簡潔に整理すると、それが近代の問題です。最終的には、その問題を近代批判やポストモダンも全然解決できていなかったと思います。一に多を還元するかたちで「一は多である」とするか、「多」や「差異」を努力目標としてずっと残すかになってしまった。

それをどうしたらいいかと考えたときに、最初の根本の二元論、一と多という二項対立に戻ろうということです。戻って、それを解決するためにはどちらかに還元するのではなく、両極が両極を包摂し合うような、相互包摂的なモデルを考えなければならない。ただ、もちろん一と多を抽象的に考えているだけでは駄目です。もう一種類の、別の二元論、（これは形相と質料でも、主体と対象でも、案外何でもいいのですが）二項対立を持ってきて、それと一と多を組み合わせる。たとえば、主体と対象という二元論に対して、一と多を持ってきて、それをまた逆に付け替える。逆に付け替えたかたちが、アクターネットワークだったりするわけです。そうすると、相互包摂が言えた時点で、内と外の問題も同時に解決されるわけです。このとき三種類の二項対立というものが同時に解消されることになる。それがトライコトミーです。モナドロジーにその萌芽があり、ラトゥールにその萌芽があり、それらをさらに考えていって、シンプルな構造を抽出し、初めて本当に多様性の問題が考えられる。自然の問題も考えられる。主体と対象、一と多は近代のモデルでは、二重性においてしか考えられていなかった。フランスの現代哲学者であるメイヤスーはそれを主体と対象の「相関主義」と呼んで批判しましたが、トライコトミーにおいては三種類の二項対立が「ボロメオの環」のように組み合わさり、それぞれの二項対立が非還元的に解消されることによって、「二元論を両極の二重性によって解く」という図式から抜け出すことになる。すると、逆にそれらの極ははじめて端的なものになる。対象世界や自然は本当の対象世界になる。そこで勇躍する精神もあるだろう。一即多であって、一は一に、多は多になる。

つまり、いま述べたのは、非常に抽象的な図式のようですが、実はアニミズムや仏教で考えられてきたことが、まさにそれだったのではないかということです。本書の論文を書いたり、奥野さんと共通の問題を考えたりしながら、私が取り組んだのはそういうことです。ですから、明らかに近代的な主体と対象のなかで、対象世界として見られた自然を土台として、それを改良してとか、自己批判してというようなやり方で自然にたどり着こうというのではない。別のやり方があるのではないか。それを模索していくと、本当にノンモダンの人たちが考えていったことにまた戻れるのではないかというところがあります。日本の美学ということを先に述べたのも、そういう立場からなのです。私は奥野さんのような人類学者ではない。プナンに行ってフィールドワークをして、というのではないため、わからないことも多い。だから、そうした要素をいろいろ吸収させてもらいながら、自分の仮説を発展させていこうというのが、今回の仕事のなかでの私の目標でした。

**奥野**：「ボロメオの環」のような三種類の二項対立の組み合わせとしてのトライコトミーというのが、清水さんのアニミズム論の中心的課題になるわけですね。そこは、ループ構造になって、因果ではなく、否定の論法で行かないと達することができないということをよく言及されている。

**清水**：言っていますね。それはラトゥールが「非還元」というような言い方をするように、対立項のどちらにも還元しない構造をつくって考えようと思うと、組み換えや相互包摂が必要になってきます。三つぐらいの構造が、「ボロメオの環」のようにお互いにかみ合う、その一番単純な形をまず作ろうと、私は思ったわけです。そこに様々な二項性なり何なりを流し込んで行けば、いろんな問題が調整されるし、考えることもできると思う。本当は、三種類の構造がかみ合ったものを考えないといけないところで、近代人はそれらをバラバラにして考えてしまっている。

ジョルジュ・デュメジルという神話学者がいますが、セールも非常に影響を受けていて、私も重要な人物だと考えています。彼はインド＝ヨーロッパ語族の神話には、法や秩序を司る聖なるものとしての第一機能と、戦争や暴力を司る第二機能と、富や豊穣、また経済を司る第三機能があると指摘したことで知られています。たとえばローマだとそれぞれジュピター、マルス、クィリヌスといった神がそれぞれの機能を代表しているのですが、インド＝ヨーロッパ語族のかつての社会の構造を反映しており、インドだと神話の神にももちろん三機能がありますが、カースト自体がこの構造になっている。しかしデュメジルの考察で本当に重要なのは、聖なるものとしての第一機能と暴力の第二機能は実は深く結びついているし、これらの三機能は実は同じものの別様の現れではないかということを仄めかしている点です。実際、たとえば戦争も、法や秩序がなければ成立しないし、経済競争が戦争の変形された形であることもしばしばです。暴力や強制の要素がないと秩序は維持できないし、前の対談でもお話ししましたが、暴力の犠牲であるスケープゴートが聖なるものと後に見なされるといったこともあるわけです。現代社会でもこうした条件は変わらないのですが、近代以降の西洋文明はこれらをいずれもバラバラに考えている。

デリバティヴや信用経済について人類学的に考察した、アパデュライの『不確実性の人類学』*という本を去年読みましたが、あれは面白かった。行為遂行的に事実にしていきましょうという、「これを事実にしようね」という、課題として人間が集団でそれを実現すべく振舞って協調したがゆえに、行為遂行的に事実になるみたいな社会の構造がいっぱいあるんですね。そういうことをやっておきながら、起源においてもともとそういうふうに決まっていたからそうなったのだと遡行的に後付けで言うという構造がある。アパデュライはインド生まれの学者ですが、そうした構造を綿密に分析していて、そこがインド人らしいなと思いました。インドの神話も、大概そういうふうになっているんですよね。こういう因縁があったから、こういう結果がもたらされたということを実現するべくすべての登場人物が動いていく、その運命に逆らえないというのがインドの神話や叙事詩です。三つの機能はすべて、本来行為遂行的に事実となる社会の構造のなかで、遡行的に起源を語ったことによって生まれてきたような気がします。

要するに、暴力と宗教的なもの、経済的なものは、インドではカーストで分離され

＊ アパデュライ、アルジュン 二〇二〇『不確実性の人類学 デリバティブ金融時代の言語の失敗』中川理・中空萌訳、以文社。

固定されて考えられている。他方でヨーロッパ人は概念として分けてバラバラに考えている。たとえば経済においては等価交換を行為遂行的に実現させるのが理想だったのですが、そうした交換を成立させる媒介がもともとあるのだとされ、それが一般的等価物としての貨幣だということになる。

暴力や秩序の話で言えば、社会契約というものがあって、起源において「万人が万人の敵である」ような最大の暴力的状態があったから、全員が滅ばないように権利（自然権）を委託された者があったんだという神話を作った。もうひとつは一神教です。偶像崇拝ではない、人間が造ったわけではない超越的な神がひとつだけいるというルールのもとに社会を作りましょうというのがある。これを横並びでバラバラにしたのが、西洋社会だった。インドはそれを垂直に分けた。どちらも硬直的に分けたと言ってもいいかもしれない。結局、それぞれ別々に単一の起源を実現するというのは、一神教の隠された神にしても、非偶像的な神にしても、「リヴァイアサン」的なひとつの最大の暴力にしても、あるいは貨幣にしても、そういうものをつくることで、むしろ流れが固定化して動かなくなる。等価交換によって富がお互いに行き渡るはずが、格差も出てくる。暴力というものも秩序というかたちを取りながら、全然消えはしない。近代西洋人が偶像崇拝でないと称しているのは欺瞞で、そう主張すればするほど主客の相互作用が混淆したハイブリッド的なものを産み出してしまう、という批判をラトゥールは執拗にしていますが、近代社会の根本的な問題というのは、いずれもそんな風に二項的になり、起源に想定されているのとは逆の結果を不可逆的に増大させているものだというのが、今日誰の目にも明らかです。本当は三種類の二項構造を、どれもが突出しないようなかたちでかみ合わせて考えないといけない問題をバラバラにしてしまったがゆえに、余計ややこしい問題が生まれてきているのではないか。そんなことを考えています。柄谷行人が『世界史の構造』[*]という書物で、交換様式論を展開していますよね。A 互酬性の社会、B 略取と再分配をおこなう（力をともなう）「国家」、C 商品交換が行われる「市場経済」、というものが歴史的にあったが、それらとは異なる第四の交換様式に移行しなければならないと。四象限に分割して彼は考えていますが、それをバラバラにするのではなく、トライコトミーのように三種類くらいがかみ合った構造体のなかで、別個に考えるとそれぞれが二元論的になってしまう問題をいちいち考え直していくことが大事なのではないかと思います。そこに近代を超えていくことの根源的な意味がある。そうすると、人類のさまざまな神話的

＊ 柄谷行人 二〇一五『世界史の構造』岩波現代文庫。

思考から、社会の成り立ちまで再考できるのではないかと思っています。

**奥野**：なるほど。鈴木大拙は、divide and integration、つまり分断して、その後にそれを組み立ててひとつのものに統合していくというやり方を、「西洋的な見方」だと言っていますね。そういったかたちの西洋の認識論や実践が、限界に突き当たった。そこで東洋思想が引っぱり出されてくる。二〇世紀の量子力学なんかもそうですね。ボーアは『易経』に傾倒し、ヴェルナー・ハイゼンベルクはヴェーダ哲学に向かい、デヴィッド・ボームは現代インドの聖人クリシュナムルティと対話している。どうも論理や概念だけでは、うまくいかない説明できない部分がある。それで、東洋思想と出会う。

対立するような二者を弁別せずに放置する「両行（りょうこう）」は、中国思想でかたちづくられたとされます。それは、儒教との対比において、道教のなかに現れた考えです。儒教があったからこそ道教的なものがあり、道教的なものがあったからこそ、インドから持ち込まれた仏教が中国に根づいたのではないかと見ることもできますね。日本でも、この老荘思想的な両行は、至るところに見いだせる。玄侑宗久さんは、太平洋戦争中のアメリカ人の日本研究の書、ルース・ベネディクトの『菊と刀』では、両行が扱われていると言います。[*] タイトル自体が、扱いにくい「菊」を世話し愛でながら、人を斬る「刀」を持つ武士を尊敬するような、理解しがたい日本人という意味を含んでいます。「日本人は喧嘩好きであるとともにおとなしく……忠実であって不忠実であり、勇敢であるとともに臆病……」と、ベネディクトは無節操で矛盾を抱えているんだと、日本人を描いています。こうしたことは、アングロ・サクソンの国の人から見ると、矛盾に見えるのですね。ところが日本では、それらの二項は、矛盾なく同居するものでもあったわけです。

たとえば、「二兎を追うものは一兎も得ず」と、「一石二鳥」と言います。これらは、全く反対のことを言っている。二つのことを追うと両方とも逃がすよと、一つ狙って二つ得られる。しかし、両方とも社会に流通している。あるいは、「善は急げ」と「急がば回れ」。すぐにやればうまくいくというのと、急いでいるなら迂回しろというのでは、実は言っていることが全く反対です。それらが矛盾するのではなく、並存する在り方。玄侑さんは、これらはやってしまった後に、いわば後付け的にその決心を納得するために編み出された言葉ではなかったと推察しています。善は急げと言うのでやったらうまくいった。すぐにやらなくて良かった、急がば廻れと言うではないか、

＊ 玄侑宗久 二〇一三『日本人の心のかたち』角川SSC新書。

といぅふうに。二項的なもの、二つ並列するようなやり方を、私たち日本人は持っている。

仏教における中道なんかもそうですね。儒教には「中庸」がありますが、中庸は「どっちつかず」というような意味ですけれども、中道というのはそうではない。全体を睥睨（へいげい）しながらポイントを探る。「あたる」と言いますね。「中」とは「あたる」ということですから、全体を見究めてバランスを取るというようなことにも繋がってくると思います。何もないという「断見（だんけん）」と、何かがずっとあるというような「常見（じょうけん）」。不断不常の中道が目指される。

**清水**：仏教では「離二辺の中道」とも言いますが、「断見」、「常見」（本書第五章第四節を参照のこと）どちらの極にもいかない、またそういう非還元を色んな二項対立について、それら全体を眺めながら多極的に語っていくのが大事なんですよね。仏教が中国に入るときに、天台の仮中空みたいな論理になっていきますよね。この「中」で、空の思想に中国的なものが混じったということになっている。「Aでもなく非Aでもない」という第四レンマには、その「どちらでもない」あいだ、というものがあるわけですが、そのあいだ、つまり、「中」にまさに置かれているのは、「Aであり非Aである」という俗諦の第三レンマである、という逆対応する重層的構造があるように思いますね。さきほどの「両行」の例だと、二兎の話も急がば回れもそうですが、どうも漢文には短いセンテンスのなかで必ず対句があり、逆説がある。これは『論語』もそうです。短いセンテンスのなかに逆説があって、ひっくり返ったところで、また逆のひっくり返しの逆説を無造作に並べても平気なんですよね。そこが面白い。それが中国独特の発想で、そういうものがいくつもパッチワークになって漢文ができていますし、禅問答もできている。さっき述べた、二項対立をひっくり返してくっつけ合わせるというのと発想としては近いかもしれません。ただし論証をあらかじめ組み立てておかねばならないところで、機智と逆説に訴えてその都度多様性を出してくるようなところもありますね。とはいえ漢文の使い手たちというのは、何通りにも読める漢文を使いこなして逆説を作っている。ある意味、命を削ってやっているわけで、そこを汲み取るのはなかなかの至難の業ですが、面白いところだと思います。

**奥野**：二項は必ずしも対立せず、並列するというような、二項そのものを切り分けず、対置するよりも放置したとしても、矛盾がないわけですね。そういうことが思考と実践のレベルで浸透している状況を、西洋哲学の伝統のなかで検討されてきた、二元論思考をめぐる諸々の思索を踏まえながら、どう取り出して考えていくのかが、清水さんの問題意識ですね。三項で考える、トライコトミーで考えるというのは、いわゆる西洋的なるものから東洋的なるものへ移行し、それらをくっつけていった、中道的なやり方で探っていくというのではなく、二項の三種類の組み合わせという枠組みを設定しつつ、問いを突き詰めていく方策を探ることだと。それが、先ほどから出されている近代が抱えている政治、経済、あるいはグローバリゼーションなど人類の問題をより広く見ていくための手がかりになるのではないか、こういったところでしょうか。

**清水：**そうですね。ポストモダンにしても、近代批判、西洋批判をしたわけですが、議論の性格としては、主体と対象の二元性、二重性と似た二項対立の境界を曖昧にしていくロジックです。それはフィヒテやヘーゲルやドイツ・ロマン派が言ったことと大して変わりません。二項対立を本当に調停しようとするなら、それらの議論を組み立て改良して、一と多の問題を最初の段階に持ってこないといけない話なのですが、最後にしてしまった。西洋から見た他者や、その多様性が排除されるという西洋人の自己批判は、主体と対象の二重性、相関性があり、その外に多があるというような構造のままそれを批判しているので、根本的には解決できないわけです。一と多の問題はそもそも最初の二項対立なので、そこを踏まえて、具体的にするために主体と対象でもいいのですが、別の二項対立を持ってきて結びつけ、その結びつけ方を入れ替えたりして解決する。そうすれば、相互包摂構造になって内と外も自動的に調停される。だから、三種の二項対立、三項になってくるというのが私の考えです。皆なかなかそういう考えに至らなかったので、『存在と出来事』*のような著作でアラン・バディウも多の問題について色々と論じていますが、「構成主義的な一の外部にある多を解放する」というような、最後に課題として残った一と多の二元論の構造のまま考えているので、あれでは調停できないですね。数学の集合論や西洋形而上学の土台をしっかり踏まえた上で、否定して、と言っているけれども、もっと一番下の根っこにあるものの扱いが違っているのではないかなと私は思いますね。

＊ バディウ、アラン 二〇一九『存在と出来事』藤本一勇訳、藤原書店。

## 近代の問題と新型コロナウイルス、そして「今日のアニミズム」へ

――西洋近代の問題を考える上で、あるいはその批判、そしてそれを乗り越えるものとしてアニミズムや仏教を再評価していく。そのなかで、往還論や他力、トライ

コトミーやテトラレンマ的なものが出てきた。それらを総称して「今日のアニミズム」と呼べるものかもしれませんが、ここで原点に戻るような質問をさせていただきます。改めて、近代（モダン）の問題性というのはいったい何か、ということです。いかがでしょうか。

**奥野**：アニミズムという主題との関わりで、モダンというものをどう捉えるかという大きな問いですね。人類学には、基本的には一〇〇年以上前からモダンの真っただ中から、その外側へ出てフィールドワークをしてきた歴史があると見ることができます。そうした歴史のなかで、モダンとは別のプレ・モダンからモダンを照射するという精神を自らのうちに深く組み込んできたのが、人類学者であったわけです。しかし驚くべきことに、人類学そのものがモダンに回収されてしまっていたことが見いだされたのです。いわゆるポストモダン（人類学）です。学問としての人類学は、この時代に、完膚なきまでに打ちのめされました。ポストモダンは、二〇世紀の最後の二〇年ほどでしたが、その時期はまた、いわゆるグローバリゼーションが急速に拡大した時期でした。そして今私たちは、その後の二一世紀の最初の四半世紀を生きているわけですが、モダンの外側のプレ・モダンに立ってモダンを見ていた人類学には、ポスト・ポストモダン期に、そのことを巧みに捉え返しながら思索を進めた、とてもユニークなものがぼちぼち出てきているのだと思います。民族誌データを取りにフィールドワークに行くという小賢しいことを標榜するから、人々とともに人間の生について学ぶという人類学の本質が見えないのだと言ったティム・インゴルド、[*]人間は間違いを犯すのだけど、そのことはその他の可能性があることを探り当てる機会にもなりうるという前向きな人類学を提唱するアナンド・パンディアン[**]などがいます。それらが、人類学のモダン、ポストモダンとその後の一つの流れです。

さて、アニミズムを取り上げることの意義とともに、モダンの問題性とは何かという先ほど投げかけられた大きな問いに人類学から答えていくためには、目の前にある新型コロナ感染症の拡大の問題を見ていくのが、ひとつのやり方ではないかと思っています。ちょうど二〇二〇年から今年(二〇二一年)にかけて私たちにもたらされている、禍々しいコロナの影響だけでなく、そのことの哲学的あるいは人類史的な意味を考えていくことが、モダン以降の私たちの時代を考えることになるのではないでしょうか。新型コロナウイルス感染症の問題を、私自身は、マルチスピーシーズ人類学の

* インゴルド、ティム 二〇二〇『人類学とは何か』奥野克巳・宮崎幸子訳、亜紀書房。

** Pandian Anand 2019 *A possible Anthropology: Methods for Uneasy Times*, Duke University Press.(日本語訳は亜紀書房より近刊予定)

観点から眺めています。ギリシャからルネサンスを経て、モダンにおいて極点に達した、人間の自然に対する振る舞いや態度が、二一世紀になって「人新世」という概念の中に表明されるようになりました。人新世の問題、すなわち、地球上に存在するのはあたかも人間だけであるというかのごとく振る舞ってきた人間の単独性・単一性の問題を見直そうとすれば、人間は、人間以外の多種多様な存在と絡まり合って世界を作り上げてきたという複数性に目を向けるのが一つの自然な成り行きです。そうした多種（マルチスピーシーズ）への視点移動を踏まえて、人類学が重視してきた民族誌という強みを生かしながら、ここ一〇年ほどの間に立ち上がってきたのが、「マルチスピーシーズ人類学」という研究ジャンルです。マルチスピーシーズ人類学の観点から、人間と人間以外の存在がどのように絡まり合って生存と繁栄を探ってきたのかという歴史を見れば、ある時期から人間が地球上にのさばり始め、大きな顔をしだしたことが見えてきます。

人間による人間の不当な支配というだけでなく、地球上のあらゆる事物に対して人間が支配を確立するという点において、植民地主義は、その最たるものです。それは、二〇世紀後半における、地球上の爆発的な人間活動の増大という「グレート・アクセラレーション」に繋がってきます。その意味で、植民地主義以降にもたらされた地球環境の改変の影響は甚大です。船を造るため、家や巨大建造物を建てるために森の木々が伐採されたり、人間の娯楽のために森がゴルフ場にされたり、人々が住む宅地開発のために、森があちこちで破壊されました。森林伐採に植民地主義的なグローバリゼーションのなかで経済的な利益が生じるのですが、一方で、利益を生み出す経済システムに駆り立てられて、自然生態環境を開発し、破壊してきたという面もあるわけです。人間は絶大な力を持つ単一の種として、できないことなどないという自力と自信に基づいて、地球を我がものだけのように振る舞ってきた。人間は特権を与えられた唯一の種で、自然とは人間外部の対象であり客体であり、自然のなかの複数性は、そんなことがあるとすら考えてこなかった。

フランスの人類学者フレデリック・ケックが言っていますが[*]、中世ヨーロッパではコウモリは悪魔だとされていた。コウモリは、森林開発で住む場所がなくなり、都市部へと出てきた。そのことにより、コウモリが、親しい隣人として表象されるようになったというのです。だいたい一九世紀後半から二〇世紀にかけてのことです。コウモリは、悪魔ではなくなったのです。コウモリが一見、人間と近づきになったように

＊ 以下のページを参照のこと。https://axaxl.com/fast-fast-forward/articles/social-anthropologist-frederic-keck-on-the-coronavirus（最終確認日：二〇二一年九月七日）

見えますが、これには逆説があります。コウモリは、最近よく知られるようになりましたが、ウィルスの保有者なのです。ウィルスの保有者と人間が近づき、ウィルスが人間にもたらされるようになったのです。このように、それ以前は接触することがなかった動物が人間と接する機会が増えた結果、デボラ出血熱、鳥インフルエンザ、SARS、MERSなどの人獣共通感染症（zoonosis）の流行が、ここ半世紀で急激に増えている。新型コロナ感染症も含め、二〇世紀後半になってから頻発する新興感染症、いわゆるエマージング・ウィルスは、人類が地球の隅々まで出かけていって、自然を改変してきたことが引き金になっているということが分かってきています。人間にはできないことはないという自負のもとに、地球のあらゆるところに出かけて自然を切り拓いて、それらと人間の住む場所に替え、人間が欲するものを手に入れることを続けてきた結果、そのことの「しっぺ返し」として、新興感染症がもたらされていると見ることができるのです。そのような状況のなか、右往左往しているのが、モダンの果ての私たち現代の地球人ではないでしょうか。

今後、新型コロナウィルスもワクチンができて次第に解決に導かれていったとしても、おそらくまた別の人獣共通感染症が生じるでしょう。そのときにもまた私たちは、狼狽（うろた）えるのでしょうか。科学技術を発達させて、そのことを突き詰めていった先に、地球上で、わがもの顔で振る舞うようになった人類が見舞われた困難としての新型コロナウイルス感染症の世界大の拡大という人新世の時代の災禍に思いを致し、私たちには、はたして何が必要なのかと考えるとき、今日のアニミズムの重要性が出てくるのではないかと思っています。

アニミズムとは何かというと、清水さんと一緒にこの本を書き、対談をさせていただいて見えてきたのは、西洋の理性や科学知では捉え切れない何かなんですね。それは、今から一五〇〇年ほど前に名付け親であるタイラーが名付けたときから、そうだったのです。それは清水さんの論考でも随所で強調されていますが、大乗仏教や『正法眼蔵』、禅の仏教思想などを頼ることによってようやく、見晴るかすことができるような「思想」であり「実践」であろうと思います。私自身は『モノも石も死者も生きている世界の民から人類学者が教わったこと』*のなかで書いていますが、「地上で人間だけが唯一の主人ではないとする思想」がアニミズムの最も基本的な定義だと考えています。

その点で注目するのは、人間にとっての動物の存在です。小説家の川上弘美の作品



＊　奥野克巳　二〇二〇『モノも石も死者も生きている世界の民から人類学者が教わったこと』亜紀書房。

で『蛇を踏む』*という芥川賞小説がありますが、そこでは人が蛇になったり、蛇が人になったりする。境界がなくなっていくような状況で、ループ状に人が蛇と人の間を往還する話です。つまり、どちらがどちらでもなく、またどちらでもありうるという具合に溶け合っていると言ってもいいような物語が描かれている。あるいは、宮沢賢治の「なめとこ山の熊」ですね。これは、第一章と対談Ⅰ（第三章）で既出ですので、手短に言いますと、熊の親子が話すのを物陰で鉄砲撃ちの小十郎が聞いているシーンがあります。熊の鉄砲撃ちには、熊の言葉が分かるのです。なめとこ山では、鉄砲撃ちは熊を殺して生計を立てるという厳しい面もあるのですが、他方で、人と熊は非常に近い場所で交流している。そういったことが可能な、森のなかでの異種間の経験がある。人間と動物に距離がない。距離がないというのは、これまで距離があったところに、コウモリの住処が奪われて人間の住む場所に現れてウイルスをもたらすというのではなく、動物譚であるとか、清水さんの用語でいうならば、情念の世界、自然のなかで情念が築かれるような世界のなかに人間がすんなりと入っていけるくらいの距離感があることです。小説や童話で描かれるような人間と動物の間の距離感をめぐる感性を養い続けておくことが、学問のレベルでというよりも、日常のレベルで大事な

＊ 川上弘美　一九九九『蛇を踏む』文春文庫。

のではないか。第一章でも述べましたが、それがすなわち、アニミズムの今日的意義だと思います。

**清水**：結局、近代というものも、いろんな二元性を乗り越えようとはしてきたと思います。完全なるマテリアリズムの決定論に対して、自由や精神をどう維持するかというようなことはドイツ観念論も考えましたが、そのなかで顕在化してきた主客の二元性という問題が、中途半端な混交の形、相関的な形でしか、調停されてこなかったというのが近代の問題だと思うのです。ですから私はそれをトライコトミーのような別なかたちで考えたいと思いますし、禅もそうだったのではないかと思います。そして精神や主体と、対象世界が相関主義的なあり方から離れるとき、かえって端的な自然も現れるし、禅から遡ってアニミズムが感じてきた自然もそのようなものだと言いたい。アニミズムの自然が感じられる構造というものがあるわけですよね。

たとえば、岩田慶治が、そうしたものが感じられる曼荼羅のような構造というのは、フンボルトのコスモスのように自分が入っていない単自然的なものではなくて、自分も入っているものだというようなことを語りますよね。ところで、フンボルトと並んでもうひとり岩田慶治が重視している学者で、地理学者のカール・リッターがいますが、私にとって、リッターが岩田に与えた影響が何だったのか、ずっと謎だったのです。彼はまた、フィジオノミー、いわゆる観相学ということを言いますね。掌を見ると手相が見えるように、土地を読んでいく。この山とこの谷は、人々がこんなものを近隣から持ち寄って往来すれば、こういうふうに発展していけるものではないかということを、いわば幻視するわけです。先日岩田慶治の『木が人になり、人が木になる。』*という本を読み返していたのですが、その冒頭で、彼が朝方に京都の自宅近くを散歩していると、早朝でバスが一台も止まっていないバスプールがあった。観光客の老夫婦が不思議そうにそれを見て「そこは何なのですか。どういう場所なのですか。」と彼に訊いてきたというんですね。時がくればそこに、いわゆるエージェントというか、その空間のなかに入ってくるものが、おそらく次々と現れてきて、その場所が生きてくるわけですよね。そして「ものの充ち充ちた場所 dingliche erfüllende Erdoberfläche」（リッター）になると。そんな挿話が語られているんです。これでピンときました。「ものの充ち充ちた場所」としての曼荼羅的世界というのは、幻視しないといけない。そこにいろんなアクターが来て生きているところを思い描かないといけない。自分がなかに入る、というのもひとつの考え方ですが、その空っぽのところ

＊　岩田慶治　二〇〇五『木が人になり、人が木になる。アニミズムと今日』人文書館。

の内に自分が関わるものも自然も入れることができて、それを内からも外からも感じられる、そういう意味での幻視が大切だったのです。それはもはや滅んだものでも、いまだ到来していないものでもいい。岩田の晩年のエッセイなどを読んでいても、ずっと以前に日常生活やフィールドワークで出会ったものの断片を、まるで花を活けるようにアレンジメントして、それらを鮮やかによみがえらせ、引き立てている印象です。ある空間が生きてくるというのはそういうことで、ある空間を生かす、あるいは生きたものとしての空間を感じる感性というのが、やはりアニミズムなのではないかなと思います。そこにアニミズムの根本があるし、人間が生きた情念の世界、人間が死とともにある生に意味を与えるということ自体も、それと深く関わっている。

そのなかで、アニミズム的幻視というか、生きた空間のなかで生きて死んでいった人たちの智恵というものに、我々は学ばないといけない。彼らと彼らが関わったモノや自然を内に含めた空間をどう感じ取るか、これが重要なんです。近代が近代の社会のなかで克服しようとしてできなかったものも、そこにはやっぱりあるだろうと。自由もあるだろうし、主体もあるだろうし、世界も多様にあるだろうというようなことを考えています。それを感じ取れるのが、アニミズムではないでしょうか。前の対談では、アニミズムという概念が生まれてからも、アニミズムの研究者が出てこなかった、岩田慶治は例外だと奥野さんもおっしゃっていたけれども、たとえ岩田がフィールドワークで見つけているものを、ほかの人類学者が見たとしてもそんなに気にも止めないかもしれないなとも思うんですね。日本の普通の風景、朝のバスプールの話をしていても、ここまで暗示的に語れるわけじゃないですか、彼は。還相は、魂のなかの風景に還ることでもある。だから、アニミズムというのは幻視する感受性とともにあって、それは人間にとっても本質的なものですし、未来を見ることでもあるというふうに私は思っています。

## 「ある」と「ない」／異時と同時／融即律

――清水さんの第五章の注一〇には、「東洋の叡智はかくして、「〜がある」の相互生成の位相を理論的にあまりにも早く棄却してしまったために、西洋におけるようにサイエンスが展開される方向を重視することがなかった。これは残念なこととして認めざるを得ない。サイエンスとノンモダンの文明の総合されることこそが、実際には両者にとって望ましいのである」とあります。西洋におけるサイエンスというのは肯定的な存在論ですね。そして、今のお話ですと、アニミズム的な幻視とは、普通はそこにないと思われるものを見るということだと。あるいは、否定形の存在論のようなロジックが、清水さんの第五章でも語られています。西洋の「ある」と東洋の「ない」。この差異はいったいどう生じてきたのか。西洋の「ある」を起点としてサイエンスまで貫く存在論には、たとえば西洋独自のキリスト教的な存在論のようなものが深く関わっていると言えるのかどうか。

**清水**：注一〇で言及したのは、私は東洋で西洋近代のようなサイエンスがまず発展しなかったことについては、残念であると思っているわけです。東洋文明はすごいし、ナーガールジュナは千二百年に一度の天才です。けれども、サイエンスや技術がやっていることも取り入れないといけないだろうとも思っています。南方熊楠ではないけれども、東洋の長所と西洋の長所を取り入れた曼荼羅のようなネットワーク構造を考えなければならないだろうと思う。西洋の科学じたい、エビデントなものを積み重ねて、分割したものを足して統合する、というような話ではないということをしつこく検証しているのが現代のラトゥールですよね。しかし近代主義の通念で、まかりなりにもサイエンスを発展させたことによって、すでに滅んだものやいまだ到来しないもの、「ない」ものと「ある」ものを二元論的に分けてしまわない世界観や、その叡智が見失われ、さまざまないびつさが噴出してきたと思いますね。

ちなみに、先に奥野さんが触れられたdivide and integrationではないですが、分割したものを統合したら全体ができるというのは間違いだと言ったのはライプニッツです。対談Iでも少し触れましたが、これはライプニッツが「連続体合成の迷宮」というテーマで考え続けたものです。たとえばあるものを二分の一するとか、さらに二分の一にするというような操作は、無限にできる。では無限小を足して一つの全体にできるかと言ったら、ゼノンのパラドックスに抵触するのでそれは不可能です。それゆえに、むしろ全体としての一つの物質から始めないといけない、というのがライプニッツの考え方であり（「フーシェ氏の異議備考」）、彼の場合数学でも有限のうちにある無限の操作が扱われています。このように完全に西洋のサイエンスの流儀のなかでも有限と無限ということが必ずしも二項対立でなく考えられるということはあるし、西洋が「ある」で東洋が「ない」というふうに分かれるわけでもありません。また他方で、「自由の迷宮」ということもライプニッツは言っている。決定論的なマテリアリズムじゃない世界をどう考えるか。「連続体合成の迷宮」と「自由の迷宮」は二つながらライプニッツを悩ませたと言うんですが、「連続体合成の迷宮」のほうは、ライプニッツはすでに解いてしまっている。しかし、「自由の迷宮」は、あまり上手くいかなかった。賢者はつねに最善を選ぶ、というようなちょっと古めかしい論証なので、あまり説得力がない。拡張的モナドロジーを考察するなかで、自由の問題ももっと西洋近代が考えたあり方以外に色々深く考えてみるべきでしょうね。

キリスト教の話で言えば、一神教というのは人間が造ったものではない「神」が外在的にあるという話ですから、西洋近代のサイエンスの前提とパラレルなわけです。つまり構造が一緒なわけです。ともあれそこで問われていたものを全く否定するわけではなく、自分が造る世界のなかに入っているのではあるが、やはり神は自分を超えたものでもある。「内在（内）と超越（外）」をともに超えるということですね。自力と他力の話も、結局はそういうことなのではないでしょうか。内在と超越を本当に超える。これを二項対立にしないということが大事で、サイエンスや技術においても、次第に本質はそうだというようになってきていますし、信仰の世界においてもまたそうだと。結局、私が考えているのは、トライコトミーやネットワークのような世界というのは、サイエンスを突き詰めても、近代人が作ったようなヒエラルキー構造のようなものや決定論的構造にはならないということが途中でわかってしまったら、幻視してきた世界に我々はまた戻れる、それが真実ではないか、それが本当の多様性なのではないかということです。いまだ到来していないもの、もはや滅んだものまで含めた世界の在り方を、その情念の諸相も含めて精緻に分析してきたという点で、東洋の思惟には学ぶべきところが多いです。そこまで突き詰めるのが大事だなと思います。

**奥野**：なるほど。自力と他力を含めて二項的な対立として論を立てないことが大事で、西洋の「ある」から、否定のロジックで逆から考えていくことの大切さをここでは説かれているのだと考えると、それでは「ない」とは何か。インドの考え方で、零の発見、空性の発見というのは大事ですね。「二〇三」の真ん中にゼロがあるのは、ないということではなく、それには意味があるからです。ゼロがあることで、二三ではなく二〇三になっている。「ない」と言いながら「ある」わけです。

ボルネオ島のプナンでは、五本の指のうち、親指（*pun*）、人差し指（*uju tenyek*）、中指（*uju beluak*）、小指（*ingiu*）には名前があるのですが、薬指だけは固有名がありません。プナンに指の名前をそれぞれ尋ねていくと、薬指の名前は出てきません。名前はないのですが、当たり前ですが、薬指はあります。そのことに、彼らは何も違和感を抱いていない。私はと言えば、プナンと一緒にいて薬指は「ある」のに名前が「ない」ことがずっと気になってしようがなかった。プナンはそれについて何も言ってくれないのですが、プナン語にはそれを使わないので名前もないという感じです。他方で、中国語では、薬指は「無名指」です。つまり、名前のない指です。最初は、プナンと同じように薬指には名前がなかったのではないでしょうか。言葉や概念が発達した段階で、指には全て名前があることに一律揃えていくために、名前のない指という名前を付けたのではないでしょうか、本当のことは分かりませんが。

プナンに戻ると、彼らは指のなかで薬指だけに名前を付けていません。薬指は物質的にはあるけれど、概念上ではないのです。面白いのは、指と手は同じ言葉だということです。「ウジュ（*uju*）」と言うのですけれども、指も手も同じ語です。指は、それぞれウジュという一般名詞で呼ばれます。複数のウジュがまとまって一体化すると手という単数のウジュになる。薬指は手というウジュのなかに包摂されてはじめて意味がある、というふうにも解釈できる。手は彼らにとって意味があるのですが、薬指だけでは意味がない。「二〇三」のゼロのようなものです。意味がないので、名前を付けない。必要がないので名前をつけてない。とても潔いと考えることもできるわけですが、それは仏教の空性に似ていると思ったのです。零の概念のように。あるのだけれどもない、ないのだけれどもあるというような考えに基づくものとして。

これに似たことが、プナンには他にもあります。プナン語では、水と川を区別しません。水も川も「ボー（*be*）」です。川は増水したり干上がったりするので、大きい水、小さい水という川にだけ使われる特定の表現はあります。プナンにとって、水とは川であり、川とは水である。どっちでも一緒です。水が流れていたり、淀んでいたり、飲まれたりするわけです。プナンは、流れているのが水だと見て、川という概念では見ていない。それが言葉に反映されているのだとすると、「ある」ということよりも、「ない」ということの大切さがよくわかる気がします。河川として一般概念化して、その長さを比較したり、汚れ具合を検証比較したりすることには、プナンはけっしてやらない。つまり、「ある」ということから出発して分類し、まとめ上げていくというようなことではない在り方が、垣間見えるとも言えます。

一般論としては、有用性や実用性において実在が現われるとも言えるのですが、そ

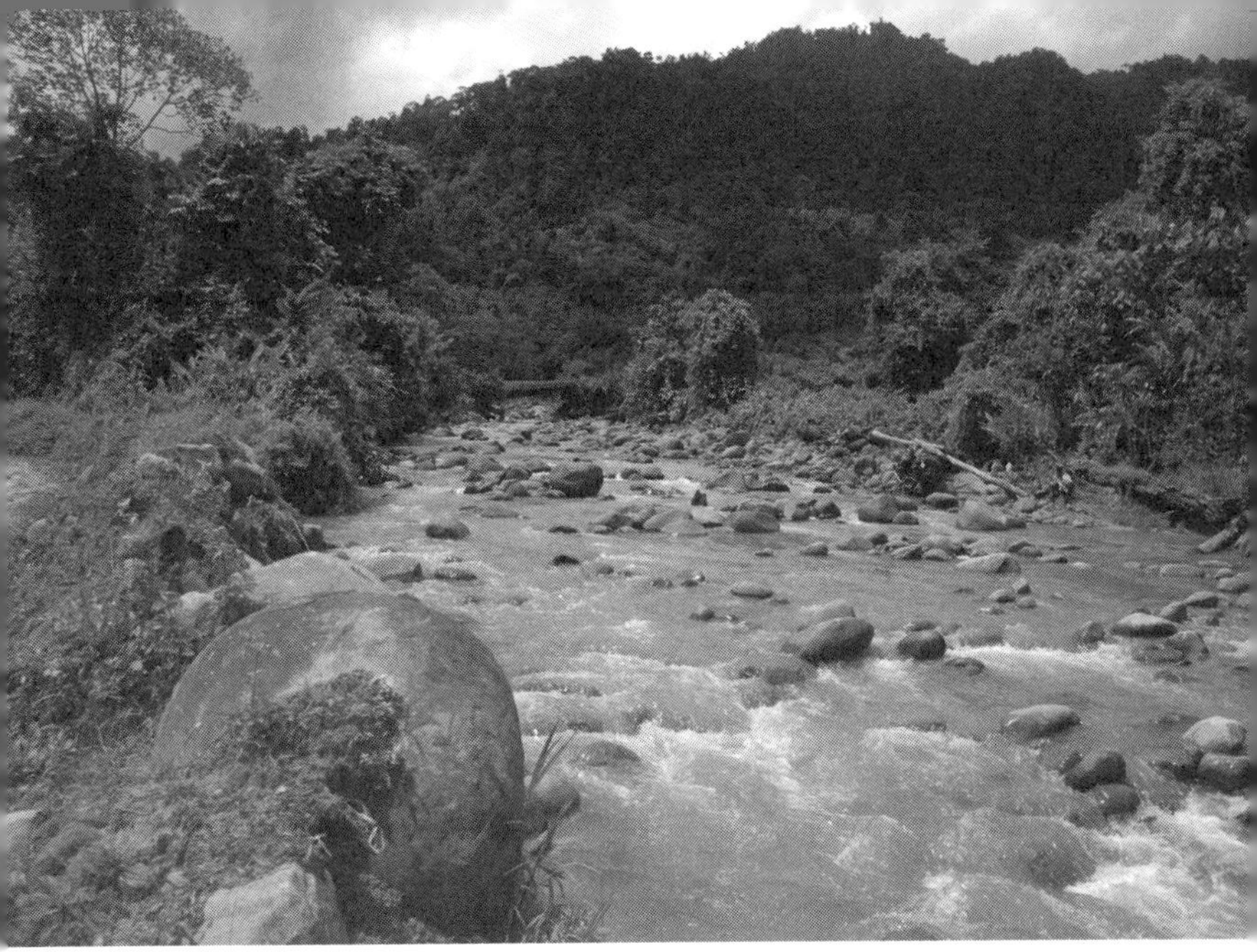

ボルネオ島のアレット川あるいはアレットの水。よく氾濫して大水（大きな水）になる。撮影：奥野克巳

ボルネオ島のパナン川あるいはパナンの水。投網して魚を獲るプナン。撮影：奥野克巳

ういった観測者によって実在性が決められるということに回収されるのでもない「名づけ」の問題。それをいったいどう見ればいいのか。狩猟民プナンに特有のこうした言語感覚は、私にはとても興味深く感じられます。

「ある」のだけれど「ない」、「ない」のだけれども「ある」という点に重要性がある。「ある」ものが「ない」ということに対して、どう捉えるのかが非常に重要なのではないかという気がしています。こういうことをあれこれと考えていると、西洋の理性では整理されていないし、捉えることができない部分に、仏教やインド哲学の方面からも攻め上がって挑んでいくというのが、清水さんの哲学の手法ではないかと思えてくるのです。エドワード・タイラーが今から一五〇年ほど前に、彼が惹きつけられた現象に「アニミズム」と名づけたときに想像していたことや、岩田が『正法眼蔵』を持ちながら東南アジアを旅してそこで考え続けたことに、何か大きなヒントがあるような感じがします。

**清水**：名前のない指のような、まだなくて、のっぺらぼうみたいなもの。非常に面白いと思います。バスプールで、まだバスがないというような話とも繋がってきますね。近代言語と比べて、サンスクリット語のような格変化の多い古い言語を見ると、何かの働きを無理やり、事後的に主語化したり、その働きの原因として主語を立ち上げたりしてしまう仕組みが見て取りやすい。一度立ち上げてしまうと、それがそういう働きをしたのだというように、原因として別のもののように規定してしまうことが容易になる。このときインドの言語だと、言語的に「自分で作っちゃったな」というのがわかるような感じがしますね。今奥野さんがおっしゃった、プナンでは水が、流れるという働き（川）と区別されないというのは深いですね。近代言語ではそういうものが主語として確立された後、その主語が状況におうじて格変化する代わりに、動詞や目的語にいくつかの前置詞を結びつけて表現しますが、そうすると決まった主語がその働きをする、というベクトルがさらに二元論的に固定されてしまう。「主語」が「ある」ということが、そこでは非常に優勢になってくる。そのようなものではない言語の働きを温存している人たちというのもやはりたくさんいるのでしょうね。またアニミズムの思考が根本にあって、それが、近代言語が見失っているものをまだ考えようとしている、そういう機能が言語に残っている、ということでもあると思いました。

**奥野**：対談Ⅰ（第三章）で、清水さんは「還滅門」的に捉えられたときに、一にして全なる世界が現成してくるとおっしゃった。主語と、それに対応するような働きができて、文章の構造を決めるのですが、その働きを通り越して主語があらかじめあったように捉えられるわけですね。その問題を考えてみるときには、時間性あるいは因果律の問題が関わってくるのではないかと思います。仏教的に言うと、「異時」という時間性です。それに対して、「同時」あるいは「共時性」といった、因果律に関わらない時間性がある。玄侑さんが述べていることですが、*パーリ仏典経蔵小部『自説経』の「此れ有れば彼有り、此れ生ずるが故に彼生ず」とは、十二因縁で言うと「順観」です。「此れ無ければ彼無し、此れ滅するが故に彼滅す」は、十二因縁で言えば「逆観」です。この順観と逆観のこの両方の前半部分が「同時」です。つまり、「此れ有れば彼有り」「此れ無ければ彼無し」です。それに対して、両者の後半部分、つまり「此れ生ずるが故に彼生ず」「此れ滅するが故に彼滅す」が「異時」だと。

時間の流れを踏まえて、「異時」という見方を持つならば、原因と結果で物事を考えることになる。これは、私たちが日常的にふつうに捕まえることができるものです。反対に「同時」は共時性と言ってもいいですが、いわゆる「シンクロニシティー」のことで、何の繋がりもなく、これがあるときにあれがある、これがないときにあれが

＊　玄侑宗久　二〇〇六『現代語訳　般若心経』四一-二頁、ちくま新書。

ないというような現象のことです。事象どうしが何のつながりもなく成立するような在り方が「同時」であり、これは岩田のアニミズム論のなかでも何度も言及され、あれこれと考えられている。岩田は、「異時」としての時間性ではなく、シンクロして起きうるような不思議さというもの、思議では捉えられないようなものにアニミズムを見ているというようなことだと思います。

それは、たとえば、命の問題にも深く繋がっている。コオロギが鳴いているときに、「ポリフォニー」ではなく、一斉に鳴き声が重なる「モノフォニー」になることがある。ホタルはたくさん集まると、一斉に明るくなって、その後、一斉に暗くなるということがある。これらは「同時」です。コオロギやホタルがあらかじめ打ち合わせをして合わせているのではなく、個体を超えて自然と一体化している。つまり、有機体は、図らずも個体としてではない全体性に自然にシンクロするわけです。全体性のなかで、生命現象が「同時」に起きているというようなことが有り得るのです。因果律では捉えられない何かです。時間性のなかで捉えられ、概念化され、言語化されていくようなものからは漏れ落ちたものが「同時」ないしは「共時性」であり、ユングもまたこの現象に注目していたというのはよくわかります。

**清水**：融即という問題もまさにそのあたりに出てくると思います。一見してそれが合理か不合理かは別として。奥野さんの第四章では、シンクロニシティーの問題が卒啄同時(そったくどうじ)というか、個の働きかけとそれを超えるものの働きかけという形でも洞察されていますよね。シンクロするというのは、スピリドン爺さんの話もそうですけれども、鏡像的関係が他者との間にあって、それを通じて自己をあらしめる、自己形成するという精神分析学の理論は、ラカンでももともとは生物にそうしたものがあるということも手がかりになって生まれたと言われます。では、鏡像性から本当に抜け出しているのが近代人なのかといったら、そうではない。ラカンの解釈でも鏡像段階はたがいに他者と敵対し合うものでもあるので、それらを第三者的な審級である象徴界がいわば上から押さえつけるということになっている。これは、社会契約論で争いあう人々の「自然権」を委託されて、最大の力が彼らの争いを抑止するというのと同じ構図です。非常に緊張を孕んだ、重たい解決ですね（笑）。自分が向き合ったものと同じ状態のままです。むしろ、スピリドン爺さんこそがそうした状態から巧みに抜け出しているのではないか。内部に別の主体がいっぱいあるというように分裂を許容していることによって、鏡像性に回収されないという。そもそも単世界と言われるけれど

スリランカのダンブッラ石窟寺院。
撮影：安部光雄

も、あれは、端的に単世界が在るということではなくて、近代社会では「単世界にしていこう」ということなんですよね。遂行的にそういう世界を実現しようという建前であったのに、最初からそうだったという話になるのが、不思議なところです。唯一で最大の権力のもとで最初に社会契約を結んだから、社会秩序があるのだとか、これらは去勢する父のような第三者的な審級があって敵対関係を抑圧するのだとか、みな遡行的に言われているに過ぎない。つまるところ、一番基本的な状態としては、我々は鏡像性やシンクロニシティーの世界にいるし、融即の世界にいるんです。むしろ、そこから抜けていけるのが、スピリドン爺さんやアニミストなのかもしれないくらいに思っておくのが真実じゃないかなと思いますけれども。

**奥野**：全くその通りだと思います。他力論的にアニミズムを論じた第四章で少し触れたのですが、ユカギールの人たちは、背中の痛みや腰痛が猟の結果を教えてくれると言いますね。そういうのも、「同時」です。

**清水**：下唇が震えると猟が成功するという話も論考で挙げられていましたけれども、それもまさに融即的といえば融即的ですよね。ですからそれをわかったうえでなければ、そこから抜けられないということではないでしょうか。融即律や鏡像関係、シンクロニシティーは幻想なんだと思ってしまったら、スピリドン爺さんのように、後ろからそこを抜けていくということはできない。現代の都市生活者なども対人的には模倣的だったり、鏡像的だったり、お互いに同じことをしようとまさに群生相におけるイナゴのように振る舞っていますよね。スピリドン爺さんがやっていることは、一種のトライコトミーなわけですよ、私の考えでは。内と外、(魂の)一と多、主体と対象が「ボロメオの環」のようにかみ合ったところで狩猟をしている。だから、アニミズムの蒙昧性みたいに言われるものかもしれない、融即の発想なんて原始的だと言われるかもしれないけれども、それを抜け出すのがむしろそっちの方からしか抜け出せないのであって、近代人がもっと統合的で整合した世界を作ろうとしていることこそが実は無理がある。

**奥野：**なるほど。そうですね。

**清水：**偶像崇拝、つまりフェティッシュを脱するためにも、フェティッシュを否定してはいけないというところがあると思います。固有のフェチにならないように、そこから本当の多様性に抜けていかないと、それは克服できないわけです。ヨーロッパや近代というのは、ほとんどの場合それをただ否定して抽象化してしまったと思います。

これに対し、そうではない知恵、文明、文化というものがいっぱいあって、我々はそこにもっと目を開いていくべきではないかなと思うし、またそもそも、価値というものについても、貨幣に価値があるというような抽象化され一元化されたもののなかに我々は縛られているというところがある。ネオ・モナドロジーを標榜し、人々が他者の欲望を模倣する情念についても深い洞察をした社会学者のガブリエル・タルドは、二〇世紀の初頭にすでにそのことに気づいていました。現代のこうした状況から解放されるためには、唯物論的革命などのような、土台が近代のままで上を変えようとかいう話ではなくて、もっと一と多の問題を根っこに置いた議論を組み立てて、そこから諸文化の多様性にも目を開き、近代文明自体を改変していく必要があるのではないかなと思いますね。

## 「未来のアニミズム」に向けて

**清水**：ところで、台湾のＩＴ相で新型コロナ対策などで大活躍をしたオードリー・タンは、私が前に翻訳したことがあるピエール・レヴィというフランスの哲学者の影響を非常に受けているようなんです。昨年刊行された本で私が面白かったのは、先ほども話したアパデュライの『不確実性の人類学』も興味深かったですし、ラトゥールの『諸世界の戦争』*も好著だったのですが、上野学さんの『オブジェクト指向UIデザイン』**という本があったんです。そこで述べられているデザインの思想が、オードリー・タンが社会問題の解決に導入しようとしているものと実によく似ていると思いました。オードリー・タンは、プログラマーのプログラミング的思考というのは、解決せねばならない物事を様々なステップに細分化していくものだと述べています。そして、それらのおのおのについて、既存の機器やオープンソースの知恵をたくさん借りながら、それらを解決していく。そのためには、それらのステップを皆に明瞭に可視化してみせる必要があるんですね。そしてこれがプログラマーのやることだというのです。そのものの形ができてくると、そこにまたフィードバックがあり、いろんな人が参加してくるという集合制作の世界らしいのですね。それをオードリー・タンは政治に持ち込もうとしています。たとえば、プラットフォーム的なものを作り、二カ月以内に五〇〇〇人がそこで問題提起されたものに共感を示したら、政府はそれに対処しなければいけないという仕組みを彼は考えた。そうやってステップ的に問題を解

* ラトゥール、ブリュノ　二〇二〇『諸世界の戦争　平和はいかが?』工藤晋訳、近藤和敬解題、以文社。

** ソシオメディア株式会社、上野学、藤井幸多、二〇二〇『オブジェクト指向UIデザイン』技術評論社。

決していったところ、台湾ではそれがきわめて有効に機能したそうです。ひとつのものがあって、主体がいっぱい関与して、循環があってということのあり方は、全くアクターネットワーク論の手法と一緒なんですよね。この地域にはこういう政治的問題があるとか、利益団体がありますとかではなくて、可視化されたものにいろんな人からのアプローチがあると、それが対象として形成されてきて、それに行政としてフィードバックするという。ピエール・レヴィもラトゥールもセールの弟子筋であるということもありますが、政治にもANT的なものが入ってきたわけです。貨幣による信用経済だけでなくブロックチェーン技術を使ったスマート・コントラクトとか、さまざまな技術を動員して新しい社会の仕組みを考えようという今の動きのなかにも、社会契約とか多数決とか言っていただけの時代とは違うものがある。それらをよく見ると、ストラザーンが語ったような、モノや道具を媒介にした社会の繋がり方に回帰してくるような部分がある。そこにうまく自然がもっと入ってくるといいなとも思っています。

**奥野**：なるほど。それは、プラットフォームに多様なアクターが参加することで、自由なかたちで繋がり合いながら集合制作していくということですね。それぞれがアクターとなって意見やアイデアを出し合いながら、相互に制作する過程が台湾政治のなかで一足先に実現しつつある。アクターネットワーク理論的なものが政治の舞台で具体的に動き、近代を超えたものがいま実現されつつある。そういうことでしょうか。

**清水**：そんな感じですね。自然じたいがそういう作用ともないまぜになったかたちで今、存立していると思いますし、政治的に行政もそういうふうに可視化しないといけない。『オブジェクト指向UIデザイン』では、デザイナーがインターフェースのあるUIデザインをプログラミングする。一番簡単なものだと、ラーメン屋の食券機みたいなものがあるわけですけれども、そういうもののデザインをやろうと思うと、デザイナー側に自分が何かをさせたいというタスクがあり、客にしてもらいたいということを優先して作ると、使えば使うほど進路が袋小路に入ってしまい、使い勝手が悪いものになるらしいんですね。画面を開くとオブジェクトがいくつもの選択肢とともにあって、それに対してアプローチが何種類も選べるというかたちを作ってあげて、実際のフィードバックのなかで進路を次々と選べるようにデザインする必要があるというんですが、これも言われて見るとアクターネットワーク論と同じ主要なんですね。なんらかの社会を認知するとかその構造を再デザインするというなかで、近代モデルじゃないものを可視化していこうとすると、今日ではみんなそういうふうになっていかざるを得ないのではないかなと思います。ですから、サイエンスや技術の新しい展開を導入して、多方面で近代じゃないあり方を探究していくと、アニミズムと言われていた世界観にもむしろ近づくのではないかと思います。

**奥野**：なるほど。そうですね。

**清水**：プログラマーになった学生やゼミ生が私のところには結構いるんですが、彼らに訊くとオープンソースを使うプログラミングは本当にそういう集団制作らしいですね。ブリコラージュ的に作っているらしい。それでできたものが、また別のものに転用されていくかたちができていて、そうなるとそれはもはや結節点がいっぱいあるネットワークという構造になる。先ほども話に出た『モア・ザン・ヒューマン』のインタビューで仏教の話をしたり、今回の奥野さんとの共著で対談をしたり、『たぐい』でラトゥール論も発表しましたよね。あれは全部繋がっているんです。ラトゥールやセールの話をして、「これは華厳だね」と本当は言いたい。でも、あえて言っていないだけなんです。違う経路を辿って何年も徹底して思考してみて、それで到達点は一緒だというふうに感じている。情念やアニミズムを語ったものから、さまざまな学問を全部包摂して、人文科学から自然科学まですべてが混淆するところで見えてくる相互照応と転用の世界があるというのが、私の考えです。

**奥野**：あるところでは、仮面として儀礼で使われているのだけれども、それは市場のなかではお土産になる、みたいなことですかね。そういうネットワークのなかで相互に繋がりあっているということですよね。

**清水**：ええ。そうですね。そうしたモノの転用のされ方みたいなものですよね。それが繋がってできる世界の総体についての語りも、また深いところで似通ってくる。プログラミングの世界は、道具の転用という意味でもまさにブリコラージュ的であって、それが集団やそこでの倫理も作っている。

**奥野**：そうですよね。

**清水**：それで部分的に、ジグザグと中心的媒介物としてのモノとさまざまな集団を臨機応変に繋いだりほどいたりするというのは、単純なグローバリズムに対する有効な抵抗戦略であるとも言えるんじゃないか。

**奥野**：まさに、ストラザーンですね。

**清水**：社会システムも経済システムも抜本的に変える必要があると思うんですよね。

貨幣を媒介とした市場経済のようにWin Winの等価交換を理想としているのだけれどもどんどん格差が開いていくというのは、ハイブリッド*を純化しようとして余計に矛盾が生じるという典型ですから。それを乗り越えるために、相も変わらずマルクス主義とか唯物論を持ちだすというのではなくて、中心的媒介物を取り替えていくような発想があってこそ、普遍的、一般的等価物の亡霊に押し潰されるのではない、フラットな構造を初めて模索できるし、物象化だとか疎外とか言われていたものからも解放されると思います。そういうことをそろそろ本格的に考えないといけないですね。

**奥野**：なるほど。社会システムや経済システムからモダンを超えていくことがいかに可能なのかという、なかなか大きな話になりました。



* 本書第二章六八頁を参照のこと。

# あとがき

まえがきで清水高志さんは、現代哲学と二一世紀の人類学にまつわるクローズドな研究会に触れられている。二〇一七年に、清水さんと上妻世海さんが友人や知人たちに声をかけて開かれていた「ステム・メタフィジック研究会」のことである。参加者は、著作や論文などをあらかじめ読んできて、理解を深めるべく議論をした。岩田慶治、エリー・デューリング、レーン・ウィラースレフや清水さんの著作などが取り上げられた。

毎研究会後には、メンバーたちが池袋界隈で呑み、夜遅くまで語り合った。なかには翌朝でなく、翌昼まで残って呑んでいた人たちもいた。私はいつも途中で引き上げたが、清水さんはいつも熱心に最後まで付き合っていたと聞く。

つい先ごろ、その研究会に参加していた二人のメンバーと、今は開かれていないその研究会のことをたまたま話す機会があった。二人が清水さんに関して、私とほぼ同様の思いを抱いていることが、その場で判明した。それは、清水さんの議論は目の前で聞いていると実によく解かるのだが、清水さんがいなくなるとけっして復元できない、というものだった。

清水さんは、古代ギリシャ以来の西洋の哲学者やインドの聖人や仏教の高僧たちだけでなく、批評家や作家や政治家や芸能人などの所論や考えを次から次に流れるがごとく持ち出して、謎に満ちた深い森のような世界の景色を見事に伐り出してくる。ある時はホワイトボードに図や絵を描きながら、またある時には机の上に置かれた空になったペットボトルを小道具として使いながら。そして、たしかに世界はそうなっていると、一同が頷くのだ。不思議なのは、それを自分たちの言葉で語り直そうとすると、できない。私たちは、その明晰な清水さんの口調を憶い出しながら、しばし話した。

清水さんの飛びぬけた世界読解は、本書『今日のアニミズム』の二本の論考の中で存分に示されている。「トライコトミー」というアニミズム理解に至る地平を指し示し、人類学の密林を駆けめぐりながら、これでもかこれでもかと真理ににじり寄る論理を詰めていくインド哲学の幾つもの山河から生まれた中観派の思想を読み解き、遠く離れた東の果ての島国でその極みに達した道元禅を掘り下げて、岩田アニミズム論の大海原向けて漕ぎだしている。その論の捌き方は、パラフレーズしようと思っても果たせない重量感をその内奥に畳み込んでいる。

ある時、本書の企画者で編集担当の大野真さんが、清水さんの広辺かつ深遠な思想のことをもっと知りたいのですよと、ポロっと漏らしたことがあった。そしてそのことは、奥野さんをつうじて可能ではないかと考えているとも。清水さんの思惟の本質を、分かりやすさが重視され、言葉と概念と制度でがちがちに固められた現代世界へと降ろしてくることが、私に与えられた重要なミッションだったのだと思う。本書の中で私は、清水さんの語る隠された真実を手に入れて、善良なる人々に授けるシャーマンたることを期待されていたのだった。振り返れば、二回の対談で私は、研究会参加時と同じく清水さんの見事な説明に頷くだけで、与えられたその役割を十分に果たしているとは言い難く、お恥ずかしい限りであるのだが。

本書の『今日のアニミズム』というタイトルから、C・レヴィ＝ストロースの『今日のトーテミスム』とともに私が想起するのは、一九九二年に『人類学年報（Annual Review of Anthropology）』誌に載ったジェーン・M・アトキンソン（Jane Monnig Atkinson）の「今日のシャーマニズム（Shamanism Today）」と題する論文である。出たばかりのその論文が善き道案内となって、私はその後のボルネオ島でのカリスのシャーマニズムの調査研究を構想した。

シャーマンは覚醒した現実から意識を拡大させて、時間や空間がなく、因果律がなく、目に見えない全体性の領域へと入り込む。こちらに還ってはまたあちらに往くことを繰り返しながら、修行を重ねる。私は、清水さんの叡智の全容を私たちの前に十全に降ろしてくることはできなかったかもしれないが、対話をつうじて考察を進めることで、仏教のほうに大きく引き込まれて、アニミズムを真正面から語るために欠かせない修行に勤むことができたように思う。

二回の対談を含め、清水さんとの対話はとても愉快な時間であった。本書には、その雰囲気の余韻が残っている。本書をつうじて、アニミズムの今日的な意義が広く読者に届くことを切に望んでいる。

企画から編集まで大野真さんには大変お世話になった。記して謝意を述べさせていただきたい。

二〇二一年　三月一七日　　奥野克巳

写真協力：AFLO、amanaimages、Shutterstock、Photolibrary、朝日新聞社

東京国立博物館（26頁）、京都国立博物館（235頁）、奈良国立博物館（105、267頁）所蔵の作品はいずれも、出典：ColBase（https://colbase.nich.go.jp/）に基づく。

装幀：近藤みどり
カバー写真：Michelle Holihan/shutterstock
帯装画：大小島真木

## 著者紹介

**奥野 克巳** Katsumi Okuno

立教大学異文化コミュニケーション学部教授。北・中米から東南・南・西・北アジア、メラネシア、ヨーロッパを旅し、東南アジア・ボルネオ島焼畑稲作民カリスと狩猟民プナンのフィールドワークを実施。主な著書・共編著に『モノも石も死者も生きている世界の民から人類学者が教わったこと』(亜紀書房、2020年)、『ありがとうもごめんなさいもいらない森の民と暮らして人類学者が考えたこと』(亜紀書房、2018年)、『モア・ザン・ヒューマン　マルチスピーシーズ人類学と環境人文学』(以文社、共編著、2018年)、主な訳書にティム・インゴルド『人類学とは何か』(共訳、亜紀書房、2020年)などがある。

**清水 高志** Takashi Shimizu

東洋大学教授。井上円了哲学センター理事。専門は哲学、情報創造論。主な著書に『実在への殺到』(水声社、2017年)、『ミシェル・セール　普遍学からアクター・ネットワークまで』(白水社、2013年)、『セール、創造のモナド　ライプニッツから西田まで』(冬弓舎、2004年)、主な訳書にミシェル・セール『作家、学者、哲学者は世界を旅する』(水声社、2016年)、G.W. ライプニッツ『ライプニッツ著作集第II期 哲学書簡　知の綺羅星たちとの交歓』(共訳、工作舎 、2015年)などがある。

# 今日のアニミズム

2021年11月30日　初版第1刷発行
2023年　7月31日　初版第2刷発行

著　者　奥野克巳・清水高志

発行者　大　野　真

発行所　以　文　社

〒101-0051 東京都千代田区神田神保町 2-12

TEL 03-6272-6536　　FAX 03-6272-6538

http://www.ibunsha.co.jp/

印刷・製本：中央精版印刷

ISBN978-4-7531-0366-9

——以文社刊行案内

# 「シリーズ人間を超える」刊行

21世紀の今日、〈人新世〉、〈資本新世〉といった新たな問題系のなかで、
改めて人間性の再考、そしてその変容が求められている。
人類を含めた地球上に生きるありとあらゆる「多種」の、
存在そのものが危ぶまれる現代において、
いかに社会、文化、自然、政治、国家、経済、市場といった
旧来の概念を捉え直すことができるか。
そして、新たな人文知はいかにして可能か。
「人文学」の新たな可能性を問う。

第1回配本（既刊）
奥野克巳、近藤祉秋、ナターシャ・ファイン編
『モア・ザン・ヒューマン』

第2回配本（既刊）
奥野克巳・シンジルト編／マンガ：MOSA
『マンガ版マルチスピーシーズ人類学』

第3回配本（予定）
ラディカ・ゴヴィンドラジャン
『アニマル・インティマシーズ』

以降、続刊予定